LOCUS

LOCUS

from

vision

from 16 我們嫁給了工作

Married to the Job

作者：菲麗普森(Ilene Philipson)

譯者：林宜萱

責任編輯：陳郁馨

法律顧問：全理法律事務所董安丹律師

出版者：大塊文化出版股份有限公司

www.locuspublishing.com

台北市 105 南京東路四段 25 號 11 樓

讀者服務專線：0800-006689

TEL: (02) 87123898 FAX: (02) 87123897

郵撥帳號：18955675　戶名：大塊文化出版股份有限公司

Published by arrangement with Curtis Brown Ltd.

Through Bardon-Chinese Media Agency

總經銷：大和書報圖書股份有限公司

地址：台北縣三重市大智路 139 號

TEL: (02) 29818089 FAX: (02) 29883028 29813049

製版：源耕印刷事業有限公司

初版一刷：2003 年 9 月

定價：新台幣 280 元

國家圖書館出版品預行編目資料

我們嫁給了工作／菲麗普森 (Ilene Philipson) 作；
林宜萱譯.-- 初版--
臺北市：大塊文化，2003 [民 92]
面：　公分.--(from ; 16)
譯自：Married to the job: why we live
to work and what we can do about it
ISBN 986-7600-08-8 (平裝)
1. 心理治療　2. 職業心理學

178.4　　92014334

Married to the Job
我們嫁給了工作

Ilene Philipson 著
林宜萱 譯

目錄

作者特別說明

在書裡，關於我病人們的資料，例如姓名、職業、年齡、身體特徵和成長背景等等，都做了一些修改；而他們所任職的公司的名稱是杜撰的。我有時候會把發生在某位病人身上的經驗「移植」到另外一個個案上，但書中提到的每一個個案都呈現了該病人的核心故事，我僅在細節做了調整，以維護當事人隱私。

不管是要研究個人的人生或是社會的歷史，我們都需要了解它們兩者，才有辦法對個別議題有完整的了解。

萊特・米爾斯（C. Wright Mills）

爲了了解社會進展的動態過程，我們必須要了解個人心理層次的運作過程；就像我們在了解個人時，一定要將此一個體放在他所身處的「文化」之中，才可能有完整的認識。

佛洛姆（Erich Fromm）

前言

本書談的是工作，以及工作如何把我們的情緒與感受變成它的殖民地。我們花在工作上的時間與精神越來越多，工作侵犯了我們的美夢和幻想，並塑造了我們個人的身分。領薪水的工作，逐漸成為我們滿足各種情感需求的地方；它也超越了鄰里社區的活動和甚至家庭生活，成為我們判定自己是否活著的依據，成為我們與別人產生聯繫互動的主要管道。

我的職業是臨床心理醫師，致力於針對「投入過多時間於職場」此一課題進行心理治療。我諮商過將近兩百位的病人，他們想在工作中尋求自我價值感和指引，想要找一個比他們自身「大」的事物來熱情付出；其中也有人只是想在世上有個立身之處，想確立自己是誰，想融入世界。可惜，這種在工作上的過度投資通常會帶來難以收拾的後果。一個人的生活如果完全繞著工作打轉，那麼，主管或同事的侮辱或背叛都可能會變成他情感上的重創。如果這人被他視為「生命中心」的職場給排斥，那麼他對於友誼、社區鄰里和個人的認同，甚至人生的意義，都會因此驟然破滅。

然而，「情緒與感受逐漸淪爲工作的殖民地」此一現象，並不僅僅只是個人心理層次的問題。我會在書中談到，「過度投入工作」已經是美國的普遍現象，但這問題並沒有獲得正視或充分的認識。離婚、親密關係鬆弛、社會的分裂，以及大衆對於鄰里活動和公民活動的參與度降低，在在促使我們轉而從工作中尋求人生意義和社會的群聚感。以公司認同爲個人的認同；在辦公室比在家裡有活力；交往的朋友大多是辦公室的同事；把自尊繫於老闆對自己的肯定；完全沈浸在公司文化裡，取代了在社區生活裡扎根——這些景象都是今日美國的眞實寫照。

我們美國是一個熱愛工作的國家——因爲你看：很多人認爲，待在家裡持家的母親，說好聽點是「跟不上時代」，說難聽點則是「能力不足」；接受社會福利的人必須強制加入勞動組織；而太多人的工作時間漸長、休假漸少。我們美國人打從心底相信，工作是自我實現，工作是健康的心態，工作是一種美德，甚至是公民的必備條件。我們是如此熱烈擁抱工作，以致於幾十年下來，我們甚至改變了「成功」的定義。過去，我們看一個人成不成功，看的是他「可以不要工作」的程度；今天，我們衡量成功的指標變成要看他「做了多少工作」。我們尊敬那些對公司具有高度價值、且熱愛工作的員工，尤其是那些早到晚下班的人。一天工作十六小時？這是英雄行徑，令人印象深刻。就像哲學家席拉（Joanne Ciulla）曾經指出的，以前的人「用引人矚目的悠閒來展現地位」；現在則藉著炫耀工作量來展現地位」。

工作已經不只是一份「爲五斗米」的事情，而是一種自我表現和自我實現。這種觀念過去只在一小群專業人士及藝術家身上才看得到，現在則普及於社會各個階層。同時，女性主義的興起，促使上百萬女性把支薪的工作視爲一種解放和一個與男性平起平坐的途徑。三十年來，女性的工作在本質上歷經了翻天覆地的變化，因此一旦有哪個女性決定離開職場回家照顧家庭時，通常會接收到衆人的懷疑眼光，而且爲她叫屈。

《紐約時報》針對美國人的價值觀做了一份調查，結果顯示，「擁有一個能夠實現自我的工作」所得的分數，高於「結婚」、「擁有信仰」、「敦親睦鄰」、「參與社區」、「擁有一群好友」、或是「擁有足量的可自行支配的時間」。

這結果並不令人意外，因爲美國人確實是把更多的時間奉獻給了工作。根據聯合國的國際勞工組織（ILO）的資料，公元二〇〇〇年的美國人平均一年工作一、九七八個小時，比一九九〇年多出三十六小時。ILO的最新資料顯示，澳洲、加拿大、日本和墨西哥的每年平均工作時數比美國人少一百個小時（約等於二·五週）。在八〇年代以前，美國人的工作時間與歐洲人差不多，現在則每年「比英國人多工作兩百六十個小時（約六·五週），比德國人多四百九十九個小時（約十二·五週）」。從一九七七到九七年，美國人的平均每週工作時數由四十三小時增加到四十七小時。

另一份針對美國工作者進行的研究發現，四八%的女性和六一%的男性，會在擁有足夠的金錢可以過著「舒適無虞的生活」之後，還希望繼續工作。還有一份調查則詢問工作者，他們希望每週工作的時數比現在多或是少，結果「六五%的受訪者希望維持目前的工作時數。其他的三五%之中，四分之三希望有更長的工作時間；總共只有不到一〇%的人希望減少工作時數」。一份在二〇〇一年針對全職及兼職工作者隨機抽樣進行的調查發現，有六七%的受訪者覺得自己對於任職的公司非常盡心盡力，這數字高於一九九八年的五六%。

還有一份針對工作態度進行的國際性調查，訪問了美國人、英國人與德國人，請受訪者選出一句話來描述自己對工作的感覺：一、我在工作中的努力程度剛好符合要求；二、我工作認眞，但沒有讓工作干擾到我的個人生活；三、我在工作上力求做到最好，即使這樣會影響到生活我也照做。結果，有六〇%的美國人選了第三；而選三的英國人是五五%，德國人是三七%。如果公司的福利措施（例如在公司設立育幼中心）可以讓職業婦女選擇是要工作更長的時間，或者縮短（例如以兼職方式進行，或者多人分擔），所有的女性，不管位於什麼樣的階層，大多選擇「更長」的工作時間。

從一九七三年至今，「個人可自由運用的時間減少了將近四十%」。大部分的美國人都不會把可用的休假天數用完。根據 Expedia.com 的調查，將近一半的全職工作者認爲自己忙得沒有時間休假。也因此，「我們每年因爲員工沒有把假休完而必須付出一百九十三億美元」。然而，增加的不只是實際工作時間而已，通勤的時間和「電子鍊條」（手機、呼叫器、筆記電腦、電子郵件）也增加了我們每天貢獻給工作的時間。根據AT&T的一份研究發現，「有一半的人在休假旅行期間會打電話回辦公室聽語音留言或收發電子郵件」。一天工作八小時、一週工作五天，並以週末來清楚分割「工作」與「休閒」的這種模式，對美國人來說已經是過去式了。

放棄休閒、執迷於工作，是晚近才出現的現象。在二十世紀早期，人們發動各種運動來爭取「一天工作八小時就好」，追求擁有更多的時間給休閒、家庭和個人。以「工作」爲研究重點的歷史學者哈尼卡特（Benjamin Hunnicutt）指出，上述進展「意味著人們開始追求金錢之外的生活，重視家庭、社區和心靈層次的活動」。一九三〇年代中期，勞工爲自己爭取到一天工作八小時；但看看現在，大部分的美國人似乎又回到了那個被雇主控制了大量工作時間的年代。不把通勤時間或使用「電子鍊條」的時間計算進來，現在有四六%的美國工作者一天工作時間就已經超過八小時，對此，卻沒有出現任何社會運動、示威或輿論加以批判。事實上，假如每天受限於不得超過八個工作小時，很多人會認爲這是不公平的限制，侵犯了他們從事個人「最喜歡的活動」的權益。

爲什麼會這樣？爲什麼我們會把越來越多的自己和越來越多的時間奉獻給工作，卻幾無怨言？

這個問題的答案非常複雜。因爲，這答案深植於我們的心理層面、社會結構和企業型態裡面。

在接下來的篇幅裡，我打算從我所諮商的病歷出發，試著解析我們國人對於工作的狂熱。這些人的故事讓我們有機會了解到，整個社會環境是如何在我們心頭深深扎下了根，並了解到我們是如何不斷地塑造和重建自己所處的世界。如果我們美國人愈來愈成為一個以工作為生活目標的社會，我們就必須知道，在背後驅動著我們的是什麼樣的個人和心理因素，以及社會及文化層面的因素。當然，「經濟上的不安全感」或「為了要擁有物質和地位而必須消費」等理由也是迫使我們工作的原因，我並沒有低估它們的威力；但本書探討的是我們的情感需求、人生渴望和潛在慾念，這些是討論今日美國的工作議題時比較少觸及的範疇。

1 是誰嫁給了工作

「我眞不敢相信，他們竟然不在乎！」布蘭達第三次到我這裡來，前兩次她也這樣悲傷大喊，叫聲在我的辦公室裡迴盪不去。「我眞不敢相信他們會這樣，我覺得自己沒有活下去的理由了！」

三十五歲的布蘭達，弓著身坐在我對面，淚珠從她臉頰滾滾滑落，雙眼紅腫，金色長髮有幾處纏繞糾結。她的目光直愣愣盯著我右肩上方。我的功用，似乎在於見證了一齣悲劇無預警地發生在她身上，把她的生活變成一片荒蕪的不毛之地。布蘭達在工作上遭到背叛，這使她覺得活下去實在沒有意思了。

這之前的一個星期，布蘭達第一次來我的治療室。剛開始她一個勁兒哭，不發一語，二十分鐘後才噙著淚水，抽抽噎噎說起「失寵」的經過，以及她在工作上遇到的苦惱。

第二次見面，我整理出她的個人經歷，而這段歷史敍述到了她被原先工作的律師事務所放逐的時候，達到了高峰——那時候我還不懂，但後來漸漸熟悉了這類「原本井然有序而有生產力的生活，因爲遭遇背叛而一夕之間驟然瓦解」的故事模式。

布蘭達的個案，讓我開始重新看待工作在今日生活中所扮演的角色，以及工作在我們之所以爲「人」的核心裡佔有怎樣的影響力。

案例 布蘭達的世界末日

布蘭達在一個藍領家庭長大，雙親俱全，但父親是個酒鬼，而父母也因終日工作而沒有對她們六個兄弟姊妹有多少關心。不過布蘭達仍以優異的成績從高中畢業，並在十八歲這年找到了一個當接待員的工作。在十七年的工作生涯裡，她逐步往上爬，最後在一家知名的小型律師事務所擔任法務秘書，年薪將近五萬美元。

布蘭達在工作以外的生活，算是穩定而平和的。她離婚七年了，擁有一間小套房，與一個也離過婚、叫做貝瑞的男人交往了三年。布蘭達說貝瑞是「大好人……非常關心他的小孩……喜歡簡單的生活」。布蘭達自己的家人住在另外一州，她很少跟他們見面，因爲她把所有的心力都放在工作和貝瑞上面。

布蘭達非常崇拜她那些律師同事們，他們那種經常聽歌劇、到山區小木屋度週末、積極投入母校校友會活動等等的中上階層生活方式，使得布蘭達大開眼界。「這些人不在乎金錢，他們覺得有錢是**天經地義**的事。他們在乎的是更美好的事，他們充滿了理想。」理想之一就是不斷追求自我成長。他們出錢給布蘭達，讓她每年到加州納帕谷參加研習課程，學習如何「實現自我」，並讓工作更有效率。爲了報答他們的栽培和自己還算不錯的薪水，以及這個她認爲登峰造極的工作環境，布蘭達每週工作五十到六十個小時，並幫老闆跑腿，處理私人生活瑣事，在談到這家律師事務所時總是用第一人稱複數的口吻說：「我們星期一要上法庭。」「我們辦公室重新粉刷了一遍。」

在這家律師事務所工作了四年之後，布蘭達因爲母親在聖誕節前兩天中風，因而無法參加公司的年度聖誕活動。這個活動也邀請公司的客戶同樂，原本由布蘭達籌備和執行——這並不在她的工作範圍裡，但她欣然負起責任。布蘭達匆匆與另兩位秘書一起安排活動事宜，然後就搭飛機返鄉陪伴病中的母親。一個星期後，她回到工作崗位，覺得「我的整個世界好像垮下來了」。老闆對她非常不滿，因爲聖誕活動過程中漏洞百出，他們覺得都是因爲她該在的時候卻走開了。律師們態度冷淡，對她不理不睬，開始找另一位秘書去幫他們辦私事，而且啊，布蘭達最喜歡的那位律師，給了那位秘書一張戲票，那可是布蘭達很想看而票早就賣光的戲。

布蘭達開始失眠，半夜裡還醒著，反覆想著辦公室裡的點點滴滴。她再三反省自己爲聖誕活動所做的安排，並因爲發生了漏洞而自責，認爲那都是因爲自己爲了探視母親而先行離開的關係。她這輩子頭一遭出現嚴重的偏頭痛，常常覺得想嘔吐，體重開始下降。漸漸地，她在工作時會忍不住哭泣，也會坐在廁所馬桶上啜泣。好幾次她實在頭痛得受不了，只好請病假。忍受了兩個月的痛苦後，布蘭達去看了醫生，醫生判定她的狀況是暫時失能，建議她尋求心理治療。

在我們開始進行治療的那個星期，布蘭達不肯跟男友聯絡，因爲她覺得男友根本不懂她。不只是男友不懂，所有人都無法理解她爲什麼會這麼沮喪。貝瑞不斷建議她再去找別的工作，說「還不就是一個工作，算了吧」，但布蘭達認爲它「不只是一個工作」，那是她全部的生活。

在頭幾次的諮商裡，我還沒辦法充分了解布蘭達，也無法深入她的那些絕望、那些用痛苦的語言表達出的害怕與失落、那些排山倒海的感受。老實說，我還比較能體會貝瑞的感受：還不就是個工作嘛，爲什麼這樣一個背叛就讓她覺得像是世界末日？怎麼會有人對於工作上發生的事這麼沮喪？由於我無法了解布蘭達，她也就更痛苦，促使她使用各種猛烈的方式來表達她迫切希望得到我的認同與幫助。

有一天，在布蘭達來看診之前，我與一位三十多歲的女病人會談，她正處於痛苦無比而刻骨銘心的離婚程序裡。她先生爲了一個他們倆都認識的朋友而離開她。我看到了她丈夫的突然離開對她造成極大的失落感，並因此而感覺到強烈的羞辱感與可怕的孤立感，同時開始對自我產生困惑。我能夠立刻接受並理解她爲什麼會有這樣的反應，於是她稍稍感到安慰，丟臉和恐慌的感覺也稍減。

在接下來與布蘭達會談的一個小時裡，我又看到了她的痛苦——這時我突然發現，她和先前那位女病人有一個很明顯的相同點。過了一會兒，我說布蘭達好像是「嫁」給了她的律師事務所，而這位「先生」在毫無預警的情況下突然告訴她，他不再愛她了，並打算爲了另一個女人而離開她——就是這樣一個簡單的比喻，竟然止住了布蘭達的淚水，並且引發了她的想像，和我一起建構起這個隱喻。其間她兩次清楚對我說，七年前她與先生的「眞正的離婚」完全比不上這次的打擊，她說：「我以後不可能再像現在（在乎我的公司）這樣在乎男人了。」我理解了，並且告訴她，與工作離婚不見得比與配偶離婚來得輕鬆，甚至可能更糟也說不定。雖然我那時不太相信自己的話，但在這次治療時間終了，布蘭達第一次沒有帶著淚結束會談。她打開門準備離開時，回頭用平靜而明顯鬆了一口氣的樣子對我說：「我想我是嫁給了我的工作。」

從何時開始愛上了工作？

一般人都相信，美國人的工作時數之所以長，是因爲我們信仰消費主義，而且貪得無厭，把工作視爲獲取財物的手段。物慾橫流的文化點燃了我們內心的渴望，不斷想要更多、更大、名牌的、奢侈的東西。我們願意不計代價來換得我們想要的物品。

但很奇怪，在心理治療的過程中，從來沒有一位病人說到「消費」跟「驅使他們工作」有什麼關係，反而比較常談到他們希望在職場上滿足情感方面的渴望，例如獲得認同、自尊、歸屬感或目的感等等。

在九〇年代，家庭與社區生活逐漸失去活力與情感內涵，與此同時，公司企業不再只是工作的場合，而是變成了「生活」的地方。爲了吸引並留住員工，讓他們願意花更多時間工作，很多公司開始提供各種便利措施和公司活動，運用一些感性手段讓員工覺得受到重視，進而與公司產生情感上的牽絆。提供免費食物、每週辦派對、在公司裡設立托兒所等等的措施，都是要使員工不論形體或心靈都與公司緊緊相繫。圍繞在員工四周和充滿在外面環境裡的公司標誌與口號，熱情高喊「我們是一個團隊！」「我們最棒！」或是「We Are Fam-i-ly!」，都是爲了爭取認同感，以此滿足員工一些未被滿足的渴望。

相較之下，家庭生活充其量只是燃料補給站，不是處理雜務、看電視，就是到連鎖購物中心逛逛之類的「活動」。但在此同時，工作場所提供了加入社交關係的歸屬感，讓我們參與公司的八卦是非，讓我們有機會追求個人和團隊的成就，並且因這些成就而獲得肯定。在某些產業裡，公司或企業甚至是有健身房、按摩治療、美食和門房服務的大型園區。隨著公司合併、股票上市、滿足資本家需求、達成股東期待和全球競爭等等趨勢的推動，今日的進入職場相當於加入一場熱情十足的改革活動，彌補了我們在家庭和社區裡得不到的滿足感，讓我們有機會在某個格局比較大的事物裡付出，而這在過去是要往宗教、工會、義工組織和社會運動中尋找的。

我並不是一眼就看出了工作造成這麼多人在情感上的糾葛和牽絆。身爲臨床心理學者，我所受的訓練是去密切觀察家庭生活的內在功能，以便了解個人特質的形成，了解人是如何在成人生活裡重演童年經驗；我以爲工作在這個過程裡面充其量只是次要的問題。如果說工作具有什麼樣的心理意義，大概就是有人可能會用它來躲避某些無解的家庭衝突。因此，布蘭達第一次踏進我的辦公室時，我眞是措手不及。那時候的我，進入一家大型聯合門診中心擔任治療師才兩個月，職責在於提供柏克萊和奧克蘭地區的醫療健保保戶各種心理健康諮商。

在那之前，我在公立的社區心理衛生單位任職，看過不少患有嚴重心理健康問題和用藥成癮的病人；但我在私人執業時遇到的病人，都是想改善整體生活品質、克服長期的自毀式的生活模式，或是追溯不愉快的童年經驗，希望找出造成今日痛苦的源頭。我是在這個有健保給付、讓上班族尋找心理治療的門診中心裡看到布蘭達。一開始，我認爲布蘭達應該是特殊個案，但後來前來求診的類似個案越來越多，我聽到更多人的煩惱、希望和期待竟都與工作緊緊相連，把工作看成生活中唯一有趣的事物；工作成爲主角，而不僅只是背景因素。這些病歷在治療過程中逐一獲得揭露、檢視和思索，漸漸的，我從本來只關注家庭如何成爲生活中的情感避風港，轉移到了解工作場所如何變成人的感情需求的源頭。我發現，原來布蘭達在心理上對工作的高度依賴不是特例，而是我其後更多新病人的故事樣板。

在布蘭達發現自己「嫁給了工作」以後的兩個月裡，我接了六個轉診的女性病人。這些女性的條件和背景各不相同，但她們在先前的診療中都多次抱怨有腹瀉、頭痛、肌肉緊繃、失眠、心悸、反胃、高血壓、四肢末梢麻木、無法控制的哭泣，有人還出現了大腸急躁症。她們的主治醫生排除了各種可能的病因，卻仍束手無策，因此建議她們尋求心理治療，並把她們轉介到我這裡。奇怪的很，她們的情況和布蘭達有異曲同工之妙。

她們來到我的診療室時，大多露出嚴重的憂鬱或焦慮。有人驚恐大喊，說不相信這種事會發生在自己身上，說她的世界徹底被推翻了；有人則先是默不出聲，然後才哽咽著告訴我：她的人生已經結束了，看不到未來。她們有的邊啜泣邊發抖，有的則是麻木不動；她們敍述的故事內容裡很少出現親友、配偶、孩子或教會牧師，而且完全沒有出現家庭生活，但她們其中明明好幾個是結了婚或有小孩的。她們所想的和所講的只有一樣東西：工作。在工作中遭到背叛。

一開始，我抱著半信半疑的態度。她們的工作經歷大致雷同，也都無特殊之處；她們都說自己心中有丟臉、憤怒的感覺，或是說主管同事們沒有同理心（例如，主管對她大吼大叫、工作能力被質疑、病假後上班卻被要求加班、沒被邀請參加同事的生日午餐會，等等）。她們通常很情緒化地描述她們的老闆如何「變臉」、「從背後捅我一刀」，或是「根本不在乎」。被她們視爲朋友、家人或是理想父母典型的上級或同事，如今卻冷淡相對或嚴厲以待，這讓她們非常訝異。「她以前都把我當做自己的姐妹。」「他每次都說我們是一個大家庭。」「我以前很尊敬這些人！」「我知道在所有秘書裡面他最喜歡我。」「我什麼事都以老闆爲中心。」儘管我找出了布蘭達問題的癥結所在，但我以爲這幾位女性所感受到的痛苦是誇大的情緒，實質上的傷害並沒有這麼嚴重。

我最初這種反應，顯然與她們的家人朋友沒什麼兩樣。有幾個病人說她們沒有跟任何人講這些工作上的慘案，而且就算講了，所得到的回應大多就像貝瑞對布蘭達說的話：「讓事情過去，然後回去好好上班。」她們的先生、母親、閨中好友甚至醫生都不明白，爲什麼她們的症狀好不了，而且對於工作上被背叛這件事如此耿耿於懷，變得幾乎無法做別的事。這種覺得「沒有人了解」的心情，使她們更覺得無助和絕望。

她們這種在情感上得不到共鳴的感覺，會因爲自己無法（或不肯）回去上班而更見擴大。她們由於出現腹瀉、頭痛或是哭泣等的症狀，所以連家門也不踏出；沮喪和焦慮則對她們的專心度、短期記憶力和社交能力造成影響。因此，她們因爲暫時失能而離開了工作崗位，待在家中；於是，她們由於脫離了工作世界（也就是她們生活的世界）而形成的孤立感和疏離感就更嚴重了。

隨著我漸漸深入了解她們的情況，我就越來越覺得困惑。她們的人生多半經過滄桑：單親媽媽、離婚、死亡、父母酗酒、童年遭受性虐待、強暴等等，但沒有一件抵得過最近這件痛苦事件：在工作上被別人大吼大叫或者被冷落。

我眞的是束手無策。由於這幾位女性看來是如此孤單，我心想，或許她們可以互相幫助。於是我設立了一個專門的治療團體，開放給「因爲老闆或同事的問題而無法工作的女性」。這個團體從一九九三年二月成立至今，成員有一百五十位以上。我在帶領這些團體治療的過程中（參第六章），清清楚楚看到了「工作」成爲了一個人的家、救贖、關係歸屬和個人認同。

在進行團體治療的頭幾年，我也開始幫一些專業及大衆化的雜誌撰寫關於工作的心理課題，因此接到男男女女打電話來，對我說他們懷疑自己是不是也「嫁給了工作」（我經常在文章裡使用這個比喻），懷疑自己可能在工作上付出太多，但還好他們還沒有遇到什麼背叛情事。我開始接觸到從財務長到資料輸入員的各階層的工作者，每一個前來治療的人都說到一個相似的現象：工作滲透了他們生活的每一個層面，而且直抵他們情感的核心；他們朝思暮想的都是工作，孩子與配偶遠遠比不上工作所釋放的強烈吸引力。一星期工作四十小時，會被當作是「兼差」。性？那是遙遠遙遠以前的事了。通常，他們在工作之外沒什麼朋友或活動，並且以專案、公司會議或活動的時程來計算時間。其他公司外的活動（例如感恩節或新年）也是在公司度過的；小孩的生日活動則是到爸媽的辦公室來一趟特別參觀。

到了二〇〇一年的春天，很多被轉診到我這裡來的病人是新近被公司裁員的人。他們原本忘我付出全部，與公司一同站上經濟榮景的頂端，但經濟迅速崩盤，他們的世界也跟著瓦解，而那一年的秋天，世貿大樓被摧毀了。這些病人，把自己被背叛的感覺往外擴大，懷疑起整體經濟能否繼續成長，機會是否眞的無窮。

從這些病人所描述的在工作上所發生的事看來，他們並不是染上了「工作狂熱」

(workaholism)。他們並沒有對工作的「內容」上癮，而是對工作的「場所」有很深的情感依附。這樣的依附與依賴似乎包含了很多要素：工作環境、工作內含的社交關係、因爲被大企業或機構雇用而得到的認同感。「嫁給了工作」的癮頭相當於「與配偶的婚姻」，因爲兩者都涉及全然的承諾，是個人認同的基本構成因素；這是情感上和經濟上的雙重依賴，而且要求信守誓約，貧病不移，相守不棄。

布蘭達談到自己最想念工作上的什麼事物時，說的不是她當法務秘書的實質工作內容，而是她所崇敬的那些律師們：他們接納她，欣賞她，讓她見識到什麼叫做理想，什麼叫做更有意義的目標。她想念其他幾位秘書，她們是朋友，每天聽她講事情；當她講起跟男友貝瑞之間的問題時，她們會站在她這一邊，告訴她「你怎麼可以讓自己這樣被欺負」，或者「他能交到你這樣的女朋友算他好運」。這類意見讓布蘭達在與男友相處時更有自信和踏實。

但或許最重要的一點是：布蘭達把這家律師事務所當成完美的環境，最棒的地方。當她告訴別人自己所任職的公司名稱時，她非常自豪，深深感覺與有榮焉，因爲她的公司在這一帶享有盛名。她會剪下報紙上對於公司的報導，沈醉於公司的豪華辦公環境。

布蘭達對公司的依附不只是在情感和經濟方面，而且還是非常感官的：她提到了氣味（混合了昂貴古龍水、皮件和香醇咖啡的味道）、觸感（皮椅、厚地毯）、聲音（公司在辦公室裡播放古典音樂電台的音樂作爲背景）。跟任何婚姻關係一樣，布蘭達這段與工作的「婚姻」，滿足了她多重的心理需求，而這些是她無法在自己的生活中獲得滿足的。

自從遇到了布蘭達以後，這些年來我見識到各種人帶著工作問題走進我的工作室。他們的問題所呈現出的共通性，使得我相信：像布蘭達這樣的情況在社會裡不會是少數。英格麗、萊爾諾、莎拉也都嫁給了工作。

案例　英格麗只有工作，沒有生活

英格麗代表的是另一種典型。她從來沒有感到被工作背叛，並且覺得自己仍然受到重視，事實上她也跟工作結了婚——只不過：她自己還沒有察覺到這一點。

英格麗看到我在商業雜誌上刊出的一篇文章之後，主動打電話來預約看診。她在我的答錄機上說，她覺得自己的生活「失去平衡」，因此想要前來求助，她相信我可能可以了解她「對工作的全心奉獻」。

英格麗一走進我的辦公室，我就被這個魅力女子的無瑕外表給震懾住了：身穿昂貴的訂作套裝，過耳短髮是完美的棕色，沒有一絲皺摺、歪斜或不優雅的成分。她一開口說話，就顯露出聰明與能言善道。這位女性看起來應該與她的工作十分相稱才對。

英格麗在一個中上階層的住宅區長大，父母是專業人士，也期待她能認眞工作、功成名就、過著充實而有效率的生活。她在青少年和二十出頭的時候，不用多花力氣就能做到功課好而且又會玩，成績優秀，身兼高中啦啦隊隊員和常春藤聯盟名校的姐妹會成員。她交了男朋友，開跑車，大學時候偶爾嗑藥娛樂。

進入了頂尖的MBA學府就讀後，她的生活起了變化。MBA的競爭非常激烈，繁重的課業和實習減少了她的社交時間，耗去了她的精力。取得碩士學位之後，她被矽谷一家知名大企業延攬；英格麗在那兒工作了四年，穩定地一步步往上爬。她的工作時間很長，滿腦子只想著工作職責、職場人際關係和身價。「我二十八歲那年就年薪十萬美金，大家都覺得我很優秀！我絕不會犯錯，我可是前途看好的明日之星哩！」

英格麗後來受到一家新創公司（我稱它爲E-Stream）的吸引而跳槽。她爲了到這裡工作，主動降低薪水要求。她解釋說：「反正我從來沒時間花錢（大笑）……這是個眞正可以讓我有所作為的機會……我喜歡他們的格局……這讓我在早晨起來時感覺自己可以改變世界。」

為了「改變世界」，英格麗一個星期工作一一〇個小時。她說自己每晚就在會議室的地板上睡四個小時，隔天就在盥洗室梳洗。公司的金主們會在週末或夜晚來公司探視，如果他們在停車場沒有看到夠多的車，就會向英格麗等人抱怨，質疑他們的付出不夠。他們懷疑，如果員工沒有賣命付出，公司股票哪有機會上市？英格麗是公司裡少數的女性成員，她覺得自己比其它許多男同事都還認真。她的體重下降，根本不找朋友或家人講話。有一天她發現，她養的熱帶魚因為自己忘了餵食而死去。

後來這家 E-Stream 公司的確上市了，現在並且是矽谷的頂尖企業之一。英格麗升任為副總裁，她很得意地告訴我，她現在一星期的工作不超過八十個小時。她在三十九歲這年開始接受心理治療，因為她覺得自己對工作的全心奉獻，已經「妨礙了自己工作以外的生活」。

她這句話所代表的問題有多嚴重？我們必須先知道：英格麗在工作以外完全沒有任何社交活動，她也說不出誰稱得上是她的朋友。她十一年來沒有性生活，聖誕假期或新年假期通常都是在工作。她說：「總是會有狀況發生嘛。」有時，英格麗會覺得她太黏著工作了，覺得自己「錯過了一些東西，像是交男朋友或養育子女」——正是這些疑慮把她帶到了我這裡。然而，她表達出了她在工作上的成就感、優越感和感情：

「能夠讓公司上市，能在這樣一家公司工作，這些是什麼都比不上的……我們帶頭向前跑，我們在創造歷史……我喜歡那些工作夥伴……我們這麼多人一起度過重重難關，現在還是彼此尊重，合作愉快……我知道你會覺得我這樣工作實在是神經病，但我的工作可不是整天坐在電腦前面打打字而已，我很多時候是在和那些絕頂聰明的人談論公司的未來，或是下一步進行的計劃。你知道嗎？我不覺得那些**男女關係**（語帶輕蔑）或是一堆小孩就能讓我覺得滿意，覺得自己是業界最優秀的人。」

案例 萊爾諾的一切都是老闆給的

在英格麗來看診的那個星期，我也接到了萊爾諾打來的電話。萊爾諾說他從沒看過心理治療師，但他的醫生認爲他應該盡快找一個去談談。萊爾諾說，原本在他工作中的那塊地毯被抽走了，他不知道該怎麼辦才好。

萊爾諾走進我辦公室，頭差一點頂到門上方。他非常瘦高而外向，與結褵二十年的妻子和兒子住在郊區。他在舊金山灣區的一家大型企業VPA工作了二十年，從一個倉管人員爬到資料庫經理的位置，乃是典型的美國式成功。萊爾諾對他的雇主非常死忠，對於工作的情感依賴遠遠超越他對任何一個人的依賴。「他們造就了今天的我。沒有他們對我的信心，我恐怕還在領微薄的薪資。我愛我老婆，但是我的一切都是我老闆給的。」

在他們公司裡，包括執行長在內的所有員工都要被評比，分數是從一到一百。員工依據其工作績效而被排名與評分。萊爾諾非常介意這些分數和排名，他以前是「五十九」、而他的上司是「六十三」。他說自己三年沒有進步了，因此不斷反省，力求更上一層樓，以便脫離五字頭的級數。

那時公司的電腦部門有一個職缺，需要接觸公司新的電腦系統：萊爾諾立刻去申請。他承認自己的條件並不完全能勝任，但他對這個出缺的部門施壓，最後終於獲得這個職缺。「有了這個，我就可以變成六十三。」

萊爾諾接任新工作之後大感吃不消。他不了解新的系統，卻又不敢發問，深怕當初雇用他的人發現了原來他是騙人的，就像他自己眼中的自己。他在新職務裡掙扎，出現了慢性的頸肩痛症狀，對家人越來越暴躁。有一次，他發現自己坐在兩小時的通勤途中居然可以忍受不良的交通路況，因爲「有了這家公司才有今天的我」。

接手新工作的第三個月，萊爾諾跟一個比他資淺十五年、擁有MBA學位的新上司一同參加團隊會議。這個上司瞪著萊爾諾許久，然後——根據萊爾諾的說法，用諷刺的音調要求萊爾諾交出一份報告。萊爾諾覺得喘不過氣來，陷入極度恐慌，他不得不離開會議室，衝到公司的護理室去。

萊爾諾被診斷爲患有高血壓和恐慌症，因此被醫生判定爲短期失能。萊爾諾無法回去工作，因爲他覺得太沒面子了。他認爲自己一定找不到工作，但事實上他的電腦能力很棒，而他所住的這個區域很缺這類的電腦技術人士。他對於那位讓他丟臉的新上司非常憤怒，他說他終於明白，爲什麼有人在「被公司背叛」之後會衝去公司把老闆和同事給殺了。「**我懂了**。在我發生這件事以前，我從來不知道那是怎麼回事。『幹嘛，你就可以坐在那裡等現成的好處？』」萊爾諾幻想著要把他的上司揍一頓，並且不斷在腦海裡重演那幕令他感到丟臉的場景。

萊爾諾在一個安定的家庭中長大，但他們家總是避免出現太過強烈的情緒與情感，父母很少讚美子女。他一直是個表現中等的學生，高中時唯一稱得上成功的表現，大概只有參加籃球校隊這件事。他進入了VPA公司的倉庫工作以後，有個上司很欣賞他的工作態度：他願意加班、幫助別的部門，而且體能相當好。萊爾諾很快就被拔擢，許多長官對他讚譽有加。萊爾諾自己承認，他變得越來越需要別人的掌聲。VPA的排名和評分，正象徵了萊爾諾所在乎的「自尊」和「被肯定」。

萊爾諾說他的家庭生活「還可以」。他兒子二十出頭，是妻子在前一椿婚姻所生的孩子，但現在仍住家裡。萊爾諾說他從來沒有眞正成爲兒子的父親，雖然他們同住了二十年。「我工作時間太長，而且這二十年來我一直在忍受這種可惡的長時間通勤。我在家裡時，總是惦記著工作。我會跟他玩玩丟球接球，但是我的心總會懸在別的事情上，像是公司最近的案子啊、事情進行的如何等等的。」

萊爾諾對於公司以外的活動或人事物都極少投入，他依靠公司來滿足他絕大部分的情感需求。雖然妻子對他關愛有加，他也非常感謝妻子在他這段不能工作的期間所給予的支持，但他們的婚姻就是無法讓萊爾諾覺得他得到了自己想要的情感滋潤。「如果她說我做得好，那不過是她個人的意見；況且，她是我老婆，她必須那樣說（笑）。但如果這肯定是來自於老闆他們，你就會知道那是眞的。」對萊爾諾來說，那像是一個有威望與權力的制度或組織肯定了他是優秀的、有價値的、聰明的、成功的；而我想，那還可以肯定他是個男人。萊爾諾對於雇主極爲忠心，從未在其他地方尋求建立自我的價値感。現在他沒有了工作，覺得毫無生氣，極度沮喪，僅有的感受是憤怒，對於他生命之所繫的VPA的無盡憤怒。

案例 莎拉在公司裡找到家的感覺

至於莎拉，她工作的地方離萊爾諾的公司不遠。莎拉是個三十三歲的單親媽媽，進這家公司（姑且稱爲「人力點」公司）六年了。她鍾愛這份行政經理的工作，習慣了一星期工作六天，一天工作十二小時，因爲她說「公司需要她」而且自覺「公司非常感謝她」。她所謂的感謝可不包含高薪和長時的休假：莎拉年薪美金三萬六，而她從未休過一天的假。她所謂的感謝是管理階層對她的口頭讚美，是同事送她玫瑰花，是頂頭上司把與客戶午餐所剩下的食物打包帶回來給她。「收到那些用白色小盒子盛裝的中菜，我眞的覺得自己受到特別照顧。」她說。

莎拉會帶著兩個小兒子一起在晚上和週末加班，她讓他們穿上在公司商品部買的公司Logo衫，她家裡到處是印了公司標誌的商品，她要兒子們長大後也要在人力點公司工作。她常常自掏腰包購買糕餅麵包請同事吃，也記得同事和上司的生日。她還會主動規劃刻南瓜大賽等等的節慶活動。

人力點公司在一次大錯特錯的購併行動之後，展開有史以來的第一次裁員。公司要莎拉分擔同事的差事，她不假思索地照單全收。但等到責任增加後，莎拉發現自己負荷不了這樣的工作量。她晚上睡不著覺，老覺得焦慮和疲倦。捱了好幾個月的長期高壓之後，莎拉小心翼翼地詢問她的上司，她可不可以卸下一些新加的職責。上司只警告她：「如果你受不了高溫，那就快離開廚房。」莎拉在我這裡回想：「他說出那些話的時候，我簡直要昏過去了。我不敢相信自己的耳朵！我爲他們付出這麼多，卻得到這些。他們根本不在乎我已經不行了，也不在乎我的孩子根本沒有媽媽照顧。」兩個星期後，她收到了一張裁員通知。不多久，她就來到我的辦公室。她說離開人力點比離婚還困難。「我先生不過就是個男人，而且我知道還會有其他男人等著我，但我知道不會再有另一家人力點公司了。」

莎拉說自己一生都盼望能得到那種被別人需要的感覺，也很想提供幫助與服務。她在一個大家庭長大，就是靠著「支持他人」與「成爲一個好幫手」在家裡找到自己的定位。她覺得跟姐妹很親近，身邊常有朋友，也常吸引到異性的注意。在大學三年級那年，莎拉休學嫁給了男友，不久，兩人搬到另外一個社區，她先生擔任當地醫院的住院醫師。後來莎拉懷了小孩，就待在家照顧相繼而來的老大和老二。莎拉回首當時，覺得因爲與家人朋友分隔兩地而倍感寂寞。她在高中和大學時就開始半工半讀，覺得整理家務和照顧小孩實在不是什麼有挑戰性或吸引力的事。

兩個兒子分別是兩歲和四歲的時候，莎拉得到了人力點這份工作；她很快就發現這份工作提供了她渴望已久的挑戰性和情感寄託。人力點一直在擴展、再造，而這家公司也充分利用了莎拉看似無止盡的熱忱，分派她做最多的工作。莎拉毫不猶豫就認同了公司所強調的「大家庭」的文化和企業價值觀。大家感謝她把辦公室打點得很溫馨，同事和老闆會因爲她的溫暖個性而聚在她的辦公室裡；誰來找她傾訴問題她都願意傾聽，還在桌上放著裝滿點心的糖果碗招待同事。她主動把辦公室變成一個「像家一樣」的環境，不只帶鮮花和糕點到公司，還請大家在同事生病或生產時在卡片上簽名致意，並且計畫員工的午餐生日聚會，常常爲公司的活動徵詢各方建議，拉近大家的距離。

自從莎拉待在公司的時間變長了以後，她和先生簡直就沒再見過面了。她先生是醫生，同樣需要長時間工作，待在家裡的時間本來就不多。小孩都在上全天的托兒班，還常常在莎拉辛苦加班趕案子的夜晚，鋪著睡袋睡在莎拉座位旁邊的地上。這種疏遠的家庭生活過了兩年，莎拉的先生說自己愛上了另一個女人，並且要求離婚。

這件事儘管使莎拉大爲難過，對先生很傷心，但她覺得自己成爲單親媽媽以後的生活跟其他已婚女人沒有太大不同。一直以來，她的眞愛都是她的公司，這公司讓她得到她渴望已久的家庭感、社區感、自尊和意義感。

像莎拉這一類的故事，反應出一個難解的惡性循環：我們在工作上的投入愈多，我們能給家庭和社區的時間和情感就愈少，而這種投入程度的減少，又使得我們的小家庭單位分崩離析，導致我們更加依賴工作，試圖在工作中滿足我們長久以來的渴望和需求。

在工作中過度投入情感

上述這四個案例，說明了哪些關於美國人工作上癮的現象？這幾個比較極端的例子，可以解釋哪些在一般人每天上班下班工作回家的生活中所發生的變化？用這樣一個從「心理分析的躺椅」出發所得到的對於工作這件事的觀點，可不可以說明，我們整個社會與工作的關係應該何去何從？

也許大部分人會覺得，上述幾則病例的情況太過極端，也難以理解；但我相信，他們的情況確實可以說明：美國人為了滿足情感上的需求，的確是越來越依賴工作。我認為，如果只把這些病人視為特殊的心理異常或失調的個案，而不正視其中所傳達的「對工作持續投入情感」此一警訊，我們就錯失了從他們經驗裡學到教訓的機會。

純粹從臨床的觀點來看，我們是可以說，上述幾個病人的自我可能不夠完整，必須向外面尋找自尊和幸福感；認同了工作，或者認同了公司和老闆，可以讓他們把自我與另一個穩固存在的個人或實體產生連結，以此獲得重心。「這是我第一次擁有自己的名片。我變成了文字，上面寫著，我，某某某，是業務經理。」另一位女性說：「在老闆身邊時，我就會有安全感。」還有，萊爾諾認為VPA「造就了現在的他」。這些都暗指了人們依賴工作來支撐他們的自我認同和安全感。

然而，假如只用臨床觀點來看這種依賴現象，會掩蓋了這些經驗所揭露的一大訊息：

工作對於生活的意義越來越重大。如果用一把尺來衡量我們依靠工作來滿足情感需求的程度，把布蘭達、英格麗、萊爾諾和莎拉等人的位置標示出來——也許他們會落在刻度的端點位置——那麼我們將可更深入理解美國人對於工作的迷戀現象。佛洛伊德對歇斯底里症病患的研究，點出了維多利亞時代中產階級女性的內心衝突；同樣的，我這些看診經驗也可能顯示出了社會與工作的關係裡所存在的一些普遍問題。

在佛洛伊德對歇斯底里症的治療裡，他的諮商室齊聚了多個受到維多利亞時代風氣強烈衝擊的人，這些個享有優勢經濟條件的女性，因爲社會風氣使然，不得不壓抑性慾、野心、元氣和活力。她們出現了各種身體上的病癥，用這些非語言性的方式來抗議她們因爲身爲女人而受到限制和壓迫。她們沒辦法清楚說出痛苦的來源是什麼，一部分是因爲她們所受的苦來自於最根本的文化層面和社會的價值觀，以及社會整體對於什麼是社會一份子所提出的要求。的確，想要掙脫主流價值觀，想要跳出主流文化而認清這是一種什麼文化，確實是困難異常的事。

同樣的，我的病人們可能也是受到了大家對於工作的執迷所造成的強烈衝擊。我的每一個病人對工作都是全心付出，但毫不自覺，全然不保護自己。他們崇拜自己的公司或老闆。他們都以幾近喀爾文教派的精神在工作，認眞努力，追求生產力。他們不認爲自己和社會的價值不一致，卻認爲自己的工作態度正是社會價值觀的典範。我的一位病人在經歷了一段時間的失能後，找到一份新的工作（他本在一家公司擔任資訊部門總監，一星期工作六十到七十小時）。他告訴我：

「這像是一個救生筏，因爲我之前覺得自己徹底失敗了，我似乎完全不屬於地球。但找到工作眞是太棒了，我常想著我們部門接下來該怎麼走最好？我該如何再加把勁兒、更有創意、更認眞一點？這種全盤付出的感覺眞好。」

在當今這個腳步快速的全球化經濟時代裡，從我所居住的這塊靠近矽谷邊界的位置看出去，美國人逐漸接受了一個價值觀：把自己完全奉獻給工作；而且以這個必備條件來衡量一個人是否成功、是否優秀。很少有人會問，一星期工作五十、六十、甚至七十個小時，是不是病態？那些帶著工作去休假的人，是不是不正常？在餐廳吃飯時還用手機跟同事通話，該不該？把公司的聖誕聚會當成一整年裡最值得期待的社交活動，這人有沒有毛病？這些行動不會被認爲離譜，因爲大家已經習以爲常。我們已經把「嫁給工作」看成是現代生活裡必須接受的現實。從這些角度看來，我認爲我這些病人所經歷的痛苦和情緒波動，是多數美國人可以感同身受的經驗。

然而，把自己完全奉獻給工作，是要冒風險的。等到我們的工作時數愈長、對工作的情感愈投入的時候，我們工作以外的生活也就枯竭了。當公司的團隊、部門、上司和同事成爲了我們主要的情感資源，工作場所以外的鄰里互動或公民生活的參與也就失去了活力。有那樣的因，勢必造成這樣的果。一旦工作之外的生活變得貧乏，你就會更不想回家和出門。一個只剩下家務雜事和看電視的家庭生活，一個只有百貨公司和電影院的活動圈，當然比不上一個釋放出強大魅力的工作場所。

這麼一來，一旦工作垮了——遇到背叛事件、與同事主管不和、被裁員，這些原本全心奉獻的員工往往發現自己頓失所依。在莎拉或英格麗的例子裡，親友無法給她們慰藉，也無法對於她們的過度投入工作提出什麼看法，即使有支持和體諒的家人朋友，也無法提供必要的情感協助。以布蘭達來說，男友貝瑞不懂她爲什麼這樣對工作奉獻、這樣依賴工作，這使得她覺得男友並不了解她、不關心她、不能將心比心。然而，萊爾諾的妻子全力支持他、耐心接受他，但他對婚姻的付出從來不像他對公司那般投入，因此，妻子說再多也不上公司主管的一句話。他已經把自己的價值交給了公司定奪，沒有任何一個公司以外的人（包括他妻子）可以代替他雇主行使那個權力，來定義他這個人，來判斷他的價值。

萬一，工作變成了負心漢……

任由公司來定義我們是誰，以及我們的價值有多少，這種狀況不管由個人、公司或社會層面來看都是相當危險的。由上述幾個病人的故事可以發現，如果把工作當作達成自我認同和自我價值感的主要工具，那麼萬一工作辜負了你，就極可能會變成萬念俱灰或是情緒徹底崩潰。莎拉說，離開公司之後：「突然間，人生變成黑白的。我是說眞的，一切都變灰灰的。花啦，衣服啦，連天空也是。」布蘭達也無法想像工作以外還有什麼事能帶給她快樂，讓她意識到自己的存在：「大家都在上班工作，我能去哪裡？能做什麼？能見什麼人呢？」

我的病人在面對工作上的失敗時，都只使用了與個人有關的、充滿羞愧的詞句來描述。他們覺得被一向摯愛的工作大家庭給排擠了，覺得喪失了活力、幸福和人生意義。即使他們很生氣，但在某種程度上多半是責怪自己，並且因爲自己被工作拋棄而感到羞愧。

這種責任感是很重要的美國傳統。然而，原本社會上是有一些制度與組織可以與個體一同分擔在工作上所遭遇的一切的，但這些體制都已經式微了。在以前，家庭或工會的力量很強固，可以讓我們取得認同，並讓我們看到如何在工作之外建立有意義的人生。如果在工作上遭受了失敗，妻子、父親或同階級的成員還是可以提供歸屬感，並可以讓人由另一個同樣重要而有意義的體制性的觀點來思考工作。因此，家庭或工會就表達出了具有象徵意義的動作：「你屬於這裡，你在這裡有你該扮演的角色。你那個什麼VPA或人力點公司，並不主宰你的世界。」

沒有了以前那些體制用那樣的方式來安慰我們，一切只好怪自己。沒有任何語言可以形容自己的挫敗感，於是，身體不適、心情低落、頹喪憤怒等等生理和心理的症狀就出現了。敏於針對現代職場提出觀察的森耐特（Richard Sennett）已經看出：

> 失敗，是現代的重大禁忌。大衆出版品裡充斥著各種成功之道，卻從來不提示大家如何應付失敗。遇到了失敗，我們就把它擺在心裡，任由它在人生裡佔據空間，就

算那陰影揮之不去，我們卻不太讓別人知道……一旦我們不敢坦白說出來，內在的執念和羞愧感只會更擴大，但我們硬是留著那句傷害自己的話不去處理：「一定是我自己不夠好。」

諷刺的是，員工嫁給了工作卻也會對公司造成負面影響。想要營造一種公司文化來吸引和留住員工並鼓勵他們不斷工作，卻很可能會出現反效果。一個人對工作投注了情感依賴以後，會造成脆弱的工作關係，一旦員工感到失望時，這種關係可能就此破裂。如果員工把公司當成自己的家，那麼企業或管理階層原本應該完全以商業考量而做出各種決策，卻可能就會因爲個人因素而增加了情感上的負擔。當工作成爲一個人自尊、自我價值和歸屬感的生命線，任何一絲出現在那生命線上的干擾，不論是眞實的或是想像的干擾，都會導致員工感覺受傷或生氣。

從我病人的故事可以看出，再有生產力的員工，也會因爲自己與雇主的無形婚約起了變化或被斬斷，而對工作這件事感到茫然失落，變得沒有生產力，打電話請病假或陷落在失能狀態。他們可以從「最有價值員工」變成接受各方殘病補助金和心理健康醫療系統的病人。最糟糕的情況是，他們會用暴力行爲去對付雇主的背叛。在因爲員工心生不滿而對雇主或同事暴力相向的案例裡，這些採取行動的人大多覺得某人背叛了他，那個人通常是主管。

最終，我們這樣過度投入工作，過度向工作尋求肯定和情感，也就連累了我們的社會。隨著我們把更多的自己獻給了工作，我們就忽視了身邊的關係，諸如與鄰居、大家庭、教會、家長會、鄰近小酒館、義工組織和在公園野餐所發展出來的人際關係。我們只看到「我做了什麼事」，卻忽略了我們需要從「我是誰」來得到認同；我們在乎公司直接降下的注意和肯定，但公司從根本上就只把人當成員工，其價値的高低畢竟是以對公司的利潤貢獻度來考量的。

假如我們一定要成爲公司一份子才能得到對自己的認同，這時我們不但失去了和家人積極相處的能力，也失去了以公民身分參與公衆事務的能力。在民主社會裡，必須倚靠既根植於社會、又獨立自主的公民來共同增進社會利益。當我們把情感無限量地往工作裡丟，我們的獨立自主就會受到妨礙，我們參與公民社會的能力也會降低。當我們把一切都奉獻給工作，自己就所剩無幾，我們在家庭裡和社會裡彼此關心的情感便更形減少。爲了工作而活，會使得我們不去建立人生憧憬。當我們把自己栓在辦公室裡，逃不出截稿日期、升遷或活動的追趕，這時我們就失去了自我，也失去了立足點。

不過，我要釐清一點：所謂的「過度投入工作」，不能單單只說是員工個體的問題，也不能只說那是公司企業爲了介入和控制員工所採取的運作方式。若想了解自己爲什麼會對於工作有越來越重的依賴，絕對不能不探討我們所生存的社會。我們必須了解，是什麼樣的社會力量迫使我們對工作存有如此高度的心理依賴。

「轉向工作尋求情感需求的滿足」是一個社會問題，這種問題的發生，跟家庭、社區和職場的變化有密切的關係。因此，我們接下來要問：應該如何解釋美國人爲什麼會比以前在工作上花更多的時間、休更少的假、樂於被工作中的「電子鍊條」給綁住，並且對工作念念不忘。首先，我們要把目光望向工作場所以外的生活——這部分的生活，對大部分的人來說已經變成**回家沒意思，出門不好玩**了。

2 回家沒意思，出門不好玩

除非有一個工作以外的東西可供對比，否則無法理解工作這個概念。

凱慈（Jonathan Keats）

這三、四十年來，工作以外的生活對很多人來說已變得毫無生氣。家庭和社區鄰里在美國人的情感生活裡失去了重大的作用，無法提供我們多少可憑藉來理解世界的標準或價值觀。我們的生活，變成可以用分離（separateness）、匿名（anonymity）、破碎（fragmentation）和無常（impermanence）等辭彙來描述。

社會理論學者霍克海默（Max Horkheimer）主張：「世界朝著不人性的方向發展，

今日的家庭成爲了給我們力量的源頭。」此話本來確實是眞理的，我們確實要在家庭和社區裡才能感覺到恆定、安全和被接納。在最理想的情形下，家庭與鄰里可以促進平等互惠、忠誠、團結和活力；但在現實情況裡，家庭可能會成爲痛苦和虐待的來源。儘管如此，假如我們仍然期待家庭和鄰里**應該**要有某個樣子，這可以讓我們在面對世界的不人性化時，多少還能懷抱希望。

如今，這樣的希望已經落空了。政治學者普曼（Robert Putman）在其詳盡描繪美國人的社區生活的著作《一個人打保齡》（*Bowling Alone*）裡提到：

在二十世紀的前面六十幾年裡，一股強大的潮流讓美國人與社區生活產生了空前緊密的關係。但是，最近這幾十年，這股潮流悄悄而無預警地反轉。我們被這股狂潮猛烈襲打，由於一開始沒有注意到，使得我們在過去三十年裡和社區之間的距離越來越遙遠。

作家羅博森（Brian Robertson）曾提到，二十世紀的最後三十年，代表了「一個意義重大的文化轉捩點，由此，家庭和市場這兩者之間老舊而不自在的平衡狀態開始崩解」。

彼時霍克海默觀察到的這個「抵抗市場力量入侵的堡壘」，已逐漸**反射**出那些所欲抵抗的力量。很多美國人對於可不可能與別人維持長久而深刻的關係，所抱持的態度跟他們對市場的看法一樣悲觀。

還不算久之前，完全的自發、絕對的自主、不要義務與約束，這些還被視爲個人解放的標記。然而，想要爭取可以遠離家庭關係的自由，是因爲我們假設了家庭會願意忍耐並經得起考驗；我們是跟一個看起來似乎不會變也不會垮的體制對照之下，才確定了自我獲得解放。但結果是，家庭和社區比我們想像中脆弱得多；在一片混亂而薄弱的關係裡，個人更難以取得自由。

在六〇年代，鼓吹人們解脫束縛尋找自由並且推崇巧合機遇的話語，出現在海報、卡片、心靈書籍甚至馬克杯上。完型心理學（Gestalt Psychology）之父波爾斯（Fritz Perls）在〈完型禱詞〉（Gestalt Prayer）裡一語道出美國人後來對於親密關係所抱持的觀點：

我忙我的，你忙你的。
我生下來不是爲了滿足你的期待，

你生下來也不爲了滿足我的期待。

你是你，我是我。

如果有一天我們有緣找到了彼此，這很美好；

如果沒有，也無法強求。

現在的美國人可能對這個所謂的禱詞沒有什麼印象了，但它的精神已經滲入了我們的態度裡，也精準反映出我們現在面對愛情和人際關係時的立場。波爾斯帶動了人類潛能運動，提倡的是一個人人各自獨立、互不相干的世界，個體不必活在別人的期待裡，不會刻意計劃或滿懷希望能與他人相遇，只要「看緣份」。如果我們始終沒有遇到這種邂逅，仍是孤獨一人，也無法改變這樣的宿命。我們在生命的表層行走，不懷希望，也不必絕望。面對如此脆弱而無從掌握的社交網絡，不必批判和做出評價。因爲，「無法強求」。

在這樣一個強調緣份而薄如游絲的環境裡，「工作世界」的結構清晰、提出了期待和規則，並且讓人有機會獲得友誼及歸屬感，也就變得非常吸引人。既然〈完型禱詞〉所言不虛，而是實際反映了、也推動了這個文化轉捩點，那麼我們必須先知道我們爲何會走到這個地步，把人際感情關係的短暫無常視爲理所當然。三十年下來，家庭和社區生活變成了一片因爲人們過度投入工作而逐漸荒蕪的景觀，也就使得人們下班回到家後，從家庭或社區中能得到的東西更少了。這事情並不是簡單的因果關係。在檢視家庭、社區和工作之間的關係時，我們看到了人們由家庭和社區逐漸向職場移動，因而減少了工作以外的生活。（第四章會提到，在朝向全球化發展的經濟體系裡，企業非常非常需要並鼓勵這種移動，到頭來竟然使得長時間工作和在工作中投注情感進一步斲傷了家庭與社區生活。）

變了樣的家庭生活

二十多年前，我站在課堂上教授有關家庭的社會學課程時告訴學生，有兩項通則造成了家庭制度歷久不衰。這兩大原則分別是由學者馬林諾斯基（Bronislaw Malinowski）和李維-史陀（Claude Levi-Strauss）提出的。其一是合法性原則：家庭是用來判定誰是社會的合法成員，凡在婚約外出生的都是不合法成員，因此不適合參與社區生活。第二是平等互惠原則：家庭是男人和女人相互交換勞力、以此生產所必需的維生物品和服務的地方。女人採集，男人狩獵；男耕，女織；女人撫養小孩並參加母姐會，男人在體制嚴明的大公司全職工作。雖然說家庭的架構和功能有很多種，這兩大原則看起來還是可超越時間和文化而成立。

然而，在非常短的時間裡，這兩項原則就失效了。過去三十年來，「不合法性」逐漸變得沒有意義、不合時宜；而「男女需要互相依賴才得以生存」的假設，更是明顯過時的觀念。家庭生活的理想和現實都產生了根本的變化。七〇年代中期以來，不穩定、脆弱、單身和孤立，成爲了美國家庭生活的特色。

很顯然的，這些關係的鬆綁無法歸咎於一個單一的原因。要研究家庭生活是如何在根本上起了大轉變，一定要談到以下各項演變：負擔家計者倫理（Breadwinner ethic）的式微、女人參與勞力的程度日漸提高、女性主義的興起、離婚革命、單身與獨居狀況被廣泛接受。

十九世紀中期以降，美國的經濟乃是建立在「家庭薪資」（family wage）之上，這是指男性工作者賺取一份足夠供養妻子和家庭的薪資。家庭薪資對於社會大多數人來說是一種理想而非現實，但是，它確實形成了某些被美國社會普遍認可的價値觀和規範。男人的角色應該是養家的人，女人和小孩則依賴他而生活。「性別」形成了一個嚴明的勞力界限，不但區分了誰能取得賺錢的資源，也界定了什麼叫做男子氣概、女人味、單身、沒有小孩、有無生產力，以及什麼叫做合格的社會成員。社會學家柏娜（Jessie Bernard）便曾寫到：

> 要當一個男人，不只是當一個贍養者而已，還必須是個「好」的贍養者。能夠成功扮演「好」贍養者的角色，說明此人有男子氣概。一個好的贍養者必須完成、贏取、成功、主導。他是負擔家庭生計的人……
>
> 太多故事說到了妻子和母親必須出外工作時所遭遇到的羞辱，因爲這等於向世界宣告，這家的男主人不是一個好贍養者。

這個負擔家計者的倫理觀，限制了男性跟女性的性別角色。男性被委任爲終生必須勞動，完全負擔起妻小的生活所需；女性則被當成經濟上和情感上的弱勢。如果女人不能或不願吸引男性，或者不願留住男性，她只好進入一個工資低於男性的勞力市場。對於兩性課題卓有研究的作家艾倫瑞（Babara Ehrenreich）指出，「男人應該賺足夠的錢養家，此一原則的另外一面是：女人不需要領取足夠的工資，就算她必須養活自己。」

我們現在可以看出，負擔家計者倫理觀爲社會上多數人提供了眞正的穩定，並且成爲多數人心目中過生活、與人交往和建立家庭的理想型態。當然，這個倫理觀並不包含同性戀族群，以及那些被平等勞力市場排擠在外的族群（如黑人男性）。然而，這個倫理觀可說是一種道德力量，判定了兩性之間的追求關係、兩性對彼此的義務、對小孩的責任，以及對依附者的照顧。它判定了家庭和社會中的物質和情感資源應該如何分配。這個倫理觀提出了諸多限制，而且賦予了重責，但它確實使得大多數美國人在面對兩性關係時，會從平等互惠、忠誠和責任義務等等道德規範出發。

在六〇和七〇年代，負擔家計者倫理觀崩解，從調查資料可看出這項改變的嚴重程度和驟然來襲。社會學家柏娜比較了態度調查後指出，在一九五七年，有六八%的工作男性「對婚姻有正面的態度」，這個數字在一九七六年明顯下降到三九%。「覺得婚姻、小孩帶來負擔和限制」的工作男性，比例提高了兩倍以上，分別由二五%增爲五六（婚姻）、從二五％增爲五八％（小孩）。同時，已婚男性把婚姻視爲「完全是負擔和限制」的比例，也從四二％提高到五七％。在一九七六年有四五％的已婚男性把小孩視爲「完全是負擔和限制」，這比例在一九五七年時不過二八％。

柏娜得出結論：家計負擔者倫理觀在一九八〇年正式走入歷史，「根據統計調查顯示，男性已經不再被自動設定爲一家之主了」。作家艾倫瑞對此也有詳盡的描述：

> 五〇年代……大家對男性角色的一致期望就是長大、成家、供養妻子。沒做到這些，就不算是長大成人，而刻意背離這種軌道的男性則被批評爲「不像個男人」……但到了七〇年代末和八〇年代初，大家就不再自動假設「成年男子漢」一定要結婚和養家了。

我要向各位強調：這個負擔家計者倫理觀的崩潰代表了深遠的意義。幾十年的光景，我們的文化對於負擔家計的期望已經改變了，由相對而言較具優勢的賺錢者（男性）轉到那些不具優勢的人身上（女性和小孩）。男人仍有工作的動機，甚至也有在枯燥和顯然無用的工作上成功的動機，但他們不再需要**爲別人**工作。

爲別人工作、成爲一個好的贍養者，必然表示願意長期照顧身邊的依附者，尤其是小孩；這意味著準備以別人的需求爲重，而自己的興趣和渴望居次。因此，假如想觀測今日多數家庭有沒有「負擔家計者倫理」（也就是**爲別人**工作）的觀念，我們可以看看父親在離婚後對小孩的經濟支持程度。一旦婚姻關係破裂，我們就會看到父親和孩子之間的關係有多薄弱。在可以合法接受經濟支援的小孩裡面，四〇%沒有獲得應得的資助；有資格接受父親經濟支持的小孩中，有四分之一沒拿到一毛錢；能夠拿到全額贍養金的小孩不到三分之一。

不爲別人**工作**，反應了父親不想**照顧**他人，這一點也可以由離婚後父親與孩子聯繫的程度得到證明。一項針對一千位破碎家庭的小孩所做的調查顯示，幾乎有一半的小孩與父親分住、而至少一年沒有見面；不到一半的小孩曾住在父親家裡；只有六分之一在過去一年裡與父親每星期見面至少一次。在一般的月份裡，三分之二的小孩與父親完全沒有聯絡。父母離婚十年以上的小孩，只有十分之一與父親每週聯絡；將近三分之二的小孩在過去一年完全沒有和父親聯絡。進行這項調查的社會學家佛斯坦堡（Frank Fur-sternberg）和夏林（Andrew Cherlin），最後做出結論：「從結果來看，父親和孩子的長期關係會是一片黯淡。這樣下去，大多數父母離了婚的小孩將會不太與他們的父親聯絡，甚至完全不連絡。」

既然負擔家計者倫理觀不再有效，女性在二十世紀下半葉的勞力參與當然就大幅提升了。在觀察這項轉變對於家庭造成了什麼影響時，「母親在外工作」是非常重要的因素。一九五〇年，擁有十七歲以下子女的女性裡面，有十二・六%進入勞力市場工作；到了一九九八年，這數字攀升到七三%。另外，有六二%擁有一歲以下子女的女性在外工作。突然間，男性不再只是與女性結婚，而是跟一個同樣在工作的人結婚。

社會學文獻中清楚指出，六〇和七〇年代的女人進入勞工市場，絕大多數是因爲經濟因素；對此變動，女性主義和心理健康新範型則提出了意識型態的理由和個人的意義。

在五〇和六〇年代的戰後經濟熱潮，到了七〇年代中期嘎然而止。由於油價上漲、生產力下滑、國際競爭升高、需求不斷下滑等因素，美國家庭的平均收入變少，大部分的員工平均薪資在一九七三年達到最高點，而其後幾年不斷下滑。爲了在衰退的經濟體系裡維持生活水準，美國家庭把更多的家庭成員（也就是女性和青少年）送進勞力市場。因此，男性與女性對負擔家計者倫理觀所持的態度開始改變；同樣發生變化的還有經濟現實和對性別角色的認定。越來越多的妻子出外工作，因爲她們的丈夫無法提供如戰後經濟潮時期的生活水準。但到了這時候，男性不會像幾十年前那樣因爲無法提供妻小足夠的支持而受到責罵。

女性進入勞力市場的這個社會變遷，不單只是受到了物質因素的驅動而已。從六〇年代晚期開始，各種形式的女性主義紛紛討論何謂女性的獨立自主，往往也從平等參與勞力市場的角度來定義什麼叫做解放。漸漸的，只要不是全職的工作，似乎就都是對女性自尊和承諾的一種質疑。就在一個世代裡，女性和男性的角色定義完全改寫。在經濟上依賴他人，象徵了軟弱、不成熟、寄生蟲。有趣的是，正當這個經濟體系需要更多工作者的時候，正當家庭需要把更多成員送到勞力市場以維持**必要**生活水準的時候，女性主義適時提出了「女性勞工參與」來作爲兩性平等和性解放的必要條件。在這個工作時間大幅增加的時候，女性主義者把家庭標榜爲「壓迫的中心」，而工作場合成了解放的場所。研究女性社會運動的學者艾普絲坦（Barbara Epstein）解釋了這個現象：

> 每一種運動的首要任務，都是去攻擊正在衰微的壓迫性的體制。由於它們的不合時宜，使它們看起來缺乏正當性，因此輕易就可激起大眾的對抗意識……是因爲體制本身就有弱點，才使得它受到攻擊……

因此，在爲家庭冠上了壓迫之名的同時，在把工作與解放劃上等號的同時，美國家庭裡原本就存在的嚴重斷裂也就被掩蓋掉了。這種觀點也遮住了「把職場視爲個人自由的場所」此一態度在本質上的問題。女性主義者沒有質疑爲什麼要全心奉獻給工作，反而展開雙臂擁抱工作。女性在職場可以找到和男性一樣的平等，也可以獲得在家中無法得到的自我實現和成就感。就是這樣，女性主義在六〇年代在美國發軔之初，便融入了這類具有心理治療效果的論述。

在二十世紀後半，大眾心理學和較爲傳統的心理動力（Psychodynamic）、認知治療（Cognitive Therapy）等學說，都把不斷的個人成長、自我實現、獨立自主和不懷罪惡感的自由強調成心理成熟與健康的象徵。這些觀念，和正在萌芽的女性主義運動所強調的女性獨立、個人主義和自我表達看法一致，而六〇和七〇年代的人類潛能運動，把上述這些倡導獨立自主的主張推展到極致。一九七一年韋斯卡特（David Viscott）所著的暢銷書《感受自由：如何盡情盡性卻不感到內疚》（*Feel Free: How to Do Everything You Want Without Feeling Guilty*），便是這類心理學立場的好例子。韋斯卡特認爲，個人應該傾注一切心力投入於個人成長與自我實現：

> 你會發現，自己將一直處於同樣的情況、扮演同樣的角色，不管你有多討厭它。你跟同一個人保持婚姻關係，不論你找到了多少應該離開他的理由。你把自己眞心想做的事往後延宕……你爲什麼就不能改一改？爲什麼你在大半的時間裡，做的都是自己不太想做的事，都對自己的現況或身邊的人不是很滿意？是什麼把**你**攔住了？

表面上看來，這些論述是在批駁「罪惡感」，但韋斯卡特那個時期的人所說的話，只不過是把這一種的罪感換成另一種——心理正常的人，對於離開另一半、未盡責任或是衝動任性的行動不必感到愧疚，反而該因爲留在原地和未能盡情揮灑自我而感到對不起自己。

二次世界大戰後的美國文化裡，處處見到僵化的角色概念和狹窄的態度觀點，因此，這樣的心理學架構正好切合人們眞正的需求和難題。但是，這樣的觀點也鼓勵短暫的感情關係，鼓吹人與人間的關係不必太緊密。我們的文化既然把「自我表達」及「掙脫束縛」同樣視爲情感成熟的表徵，於是，離婚、父親拋棄小孩、甚至是爲了長時間工作而把小孩整天留在托兒所等等做法，都在追求個人成長與自我實現的理由下變成合理而正當了。責任和義務被賦予新解，變成了壓迫，以及不願獨立自主、追求成長。

這樣的轉變，從我們把離婚視爲成人發展過程的正常環節的這種態度，就看得更清楚了。離婚率在一九六五到七五這十年裡竄升了兩倍，直到八〇年代早期才逐漸穩定維持在五〇%左右。著有《離婚文化》（*The Divorce Culture*）一書的懷海蒂（Barbara Dafoe Whitehead）提到，「這個急速且持續升高的後果是，在三十年裡，離婚這件事從美國生活的邊緣位置進入了主流。」她認爲，離婚成爲主流現象，「意味著感情關係——尤其是有約束性或永久性的關係——本身就都是冒險的投資。因此，最可靠的投資變成了對自己的投資。」這代表的是，當男性和女性都更可以自由離開自己不滿意的婚姻時，那份自由本身卻可能竟成了束縛：特別容易因爲對方而受傷，因爲對方的深度連結和渴望獲得承諾，使得人們在感情上（有時甚至在經濟上）充滿風險。因此，我們必須克制自己想要得到承諾與天長地久的慾望，降低期望，並且把每一段失敗的感情都視爲成長和自我投資的機會。

既然親密關係會帶來這麼多的風險，那麼保持單身似乎是比較合理的做法；而這正是越來越多的美國人所做的決定。我們花在婚姻上的人生，比起過去是前所未有的少：結婚人口的比例從一九七四年的七四%降到一九九八年的五六%。在一九五七年，五三%的美國人認爲沒結婚的人「有病」、「不道德」、「神經病」；只有三七%的人表示「沒有意見」。到了一九七六年，「沒意見」的比例增加到五一%，有三三%「持負面態度」，而有一五%的人認爲單身比結婚來得好。在一九七二年，四五%的美國家庭是由一對夫妻和小孩組成的；到了二〇〇〇年，只剩二三．五%。此外，一九六〇年時，只有一三%的家庭是由一個人組成的，到了一九九八年卻增加到二六%；這是美國史上第一次，由一個人組成的家庭的戶數高過由夫妻和小孩所組成的家庭戶數。

隨著家庭凝聚力萎縮、親密關係越來越無法帶來安全感，我們似乎更容易選擇用投入工作來投資自己。第一章的案例布蘭達就是這樣，她二十八歲那年，七年的婚姻以離婚收場；她閱讀各種心理成長書籍，開始「找尋自己的靈魂」。她得到的結論是：「我不能再重蹈覆轍，我必須爲自己著想，必須學會照顧自己。」於是她買了一間套房，找了一份自己眞正喜歡的工作，並誓言「絕對不讓自己再被別人牽絆，像當初被史帝夫（她前夫）絆住一樣。」從很多方面來看，布蘭達對婚姻的幻滅和不願再跟別人建立關係，使得她對於工作上的突發狀況更沒有抵抗力。然而，從現今的社會景象看來，我們能夠安頓身心、抗拒世界的不人性發展的機會實在有限，所以實在很難說布蘭達可以做出另一個比較好的抉擇。

案例　露芭好孤單，雖然家人都在家

兩年多前，我第一次見到露芭，聽著這位看上去豪氣十足的中年女性談起她在工作中經歷到的背叛。露芭看起來是完全投入工作的，但這背後隱藏著一段故事。那段故事顯示出，一旦我們覺得回家實在很沒有意思時，工作就會向我們招手。

露芭在一家大型軟體公司擔任系統分析師四年了。她工作的環境不是位於市中心的那種平凡辦公室大樓，而是一個有幾英頃大的園區，乍看之下相當有田園風味而令人覺得新鮮有趣。擁有電腦博士學位的露芭，置身一個超高學歷的工作團隊中，人人都是在無盡的壓力下進行一個接一個的專案。她曾經連續幾個月每天工作十二小時，週末還會在家中使用公司提供的電腦繼續工作。露芭說她很喜歡這份工作，她跟同事的生活往來很密切；她說的同事們大多是來自印度，他們覺得露芭像是知己。露芭如果不是想著工作，就是在擔心那幾個她說「是好人，不過在我看來有些人似乎很寂寞傷心」的同事。通常在深夜或在週末，露芭會發電子郵件給她的同事，討論過去一個星期的工作。工作包圍了她的生活，她的生活就是由一個個眞實和虛擬的社群緊密交織而成的網路。

就這樣過了三年多，她形容這是她最快樂的日子，一直到一九九八年三月六日——露芭每一次來我這裡諮商時都會提到這個日期至少一次。就是這個「可怕的日子」，露芭在毫無跡象和毫無機會拒絕的情況下，被分派到另一個工作團隊。想到要離開這個充滿包容與友誼的團隊，她感到萬分痛苦，因爲那個新團隊充滿著火藥味、競爭氣息和自大的傢伙。

雖然這個轉調代表著更高層次的責任和薪水，但露芭開始怨恨起這個她曾經如此熱愛的公司。沒有人事先跟她討論轉調的事，她非常想念先前的同事，但沒有人在乎她的困境。她反覆思考並且滿心煩惱，開始變得動不動就生氣，對新同事很沒耐心，身體開始出現多種症狀，例如呼吸急促、頭痛、胃酸過多、麻木、手部刺痛。醫生堅持要她休息幾天並且尋求心理治療。從那時開始，露芭就沒有回公司上班了。她仍然感到生氣和受到傷害，感到生活「沒有任何的意義和目的……我覺得自己只剩個空殼子，裡面沒有任何東西了」。

像露芭這樣感覺到自己「被工作背叛」的病人們，有一個共同點：他們並不是因為自己孤家寡人才拼命工作的。露芭已經結婚十五年，育有一個十二歲的兒子跟十一歲的女兒。她和先生在十四年前由東歐前來美國找尋更好的工作機會。他們做到了，並且過著大多數美國人都會羨慕的生活。

但是，露芭的家庭生活似乎充滿著某種空虛和一成不變。露芭和她先生一直都負擔著繁重的專業工作，孩子們幾乎一生下來就習慣了配合父母工作的時間表。露芭說她的小孩非常獨立，而且參加各種課外活動，因此也就像他們的父母一樣常常不在家。除了每個星期固定一起參加足球比賽之外，露芭一家人在週末都各自有活動。假如他們都在家的話，他們大多是在自己的房間上網或獨自看電視。

露芭說她愛她的家庭，而且把家庭放在最優先考量的位置。但是，她在我這裡做治療時所說出的戲劇化內容裡，幾乎沒有出現過關於家庭的隻字片語，也看不出她的家庭提供了她一直渴望的意義和目的感。在工作上，露芭覺得自己是被需要的，能獲得讚美的，有參與感的，可以得到刺激與活力的，她深深沉浸在這個與志同道合的夥伴所組成的團體裡。那些接踵而來的工作壓力和對同事生活大小事的熱衷，使得露芭感到前所未有的振奮。而她自己的家庭似乎無法帶給她類似的快感。

一個人在家

露芭的家庭生活，似乎是越來越多美國人的寫照。我們工作的時數變長，科技充滿在我們的家庭生活中，如果大多數的家庭成員把醒著的時間都花在家庭以外，回到家後感到精疲力竭，只想看電視和收發電子郵件，那麼家庭生活確實很難吸引人多加關注。

在今天，家有十八歲以下小孩的父親，每週平均工作五〇・九小時，母親則是四一・四小時。結婚夫妻在一九九八年的每週平均工作時數比一九六九年多十四個小時，而五分之一的雙薪家庭是父母在不同時段上班，所以他們很少同時間在家。

這種型態的工作時間表，造成了孩子待在托兒所或單獨在家的時間比以前多。白宮的經濟指導委員會發現，現在的美國父母，每週與小孩相處的時間比三十年前的父母少二十二個小時。(但白宮表示，這不一定就代表了每個小孩得到的父母的關注都少了二十二個小時，因爲現在的美國人子女數也比以前少。) 學者薛爾 (Juliet Schor) 指出：

> 最值得警惕的現象也許是大量工作對於照顧小孩所造成的影響。經濟學家海蕾特 (Sylvia Hewlett) 曾提到：「忽視孩童變成了我們社會的常態。」主要問題在於，越來越多的小孩被父母丟下，父母工作的時候，他們必須負責照料自己……地區性的研究發現，高達三分之一的小孩自己照顧自己。至少有五十萬的學齡前孩童，每天都有一段時間是一個人在家的。一位一一九的電話服務人員說到，她接過許多因爲害怕而打來的電話：「一個六、七歲的小孩被丟在家裡一個人，甚至還要照顧比他小的兄弟姊妹，這種事常常聽到。」

最近美國人口普查局的統計報告指出，六百八十萬名五至十四歲的孩子，常在父母上班或因其他理由不在家時獨自在家，沒有其他成人陪伴。另外，美國青少年單獨在家的時間也高達一天三個半小時，和自己相處的時間遠遠多過跟家人朋友在一起的時間。

就算是一家人同時在家，他們大多也是自己獨處。「幾乎所有形式的家庭相聚，在過去二十幾年來都變得不是常態了。」洛普民調中心（Roper Polls）針對家有八到十七歲孩子的家庭所進行的一項調查發現，從一九七六到一九九七年，全家一起渡假的比例從五三%降到了三八%，一起看電視的比例從五四%降到四一%，一起參加宗教聚會的比例從三八%降到三一%，而「坐著聊天」的比例也從五三%掉到四三%。

在這種情況下，全家一起吃飯成爲一個過時的字眼。根據統計，這二十年來，已婚夫妻在家一起吃飯的比例從五〇%降到三四%。在一九九七年，吃外帶餐和上館子的錢已經超過了買菜的預算。這些事實使得學者普曼做出這樣的結論：「長久以來，晚餐幾乎是所有社會裡都存在的經驗，但這種經驗在短短一個世代裡就在我們國家明顯消失，這足以證明：我們的社會關係是多麼快速地在發生變化。」

即使是家庭生活的地理分佈也產生了變化。一般來說，我們現在跟比較少的人同住，但房子比以前大。一般的獨棟房子從一九七〇年的一、五〇〇平方英尺增加到一九九八年的二、一九○平方英尺。同時，每戶家庭的小孩數從二・四四個減少爲一・八五個。《金窩銀窩不如狗窩》（*Home: A Short History of an Idea*）一書的作者黎辛斯基（Witold Rybczski）說到，「形體上的分離帶來了孤立。如果家人不聚在一起，他們就沒有辦法跟彼此說話。」他還談到了現在房屋建築的新趨勢是把小孩房放在與父母主臥室相反的另一頭。他批評說：「從建築上來看，這些房子非常類似維多利亞時代的昂貴房子，不同的是，過去孩子有僕人、侍女和女家教來陪伴；現在，孩子常常是獨自一個人。」

經常孤單單一個人的結果，也就轉而投向電視和網際網路，因而與家人和社區就更加隔絕了。

一般的美國民衆每天看四小時的電視。四分之三的美國人家裡擁有一台以上的電視。小學六年級學童在臥室裡有電視的比例，從一九七○年的六%到一九九九年升爲七七%。現在，有越來越多的美國人不會坐下來看某個特定的節目，而是打開來看任何一個播放中的節目：我們「打開電視卻不是看某特定節目」的比例，一九七九年是二九%，到八○年代晚期變成四三%。

跟虛構的人物交朋友

我大多數的病人在談到了電視裡的人物角色時，像是談到家人一樣熟悉。過去佔據他們腦海的親友，現在已經完全被電視人物給取代。很多的家庭現在會安靜而被動地看著電視的喜劇，看著那些虛構的家庭誇張地動著笑著、聊天吵架。家庭成員真正需要的情感，就在彼此沒有互動的情況下，坐在不同的房間裡，在電視上演出。

雪倫是一位四十七歲的企業財務長，她常常會對我說起她在工作十小時後回家看的那些電視角色經歷了哪些辛苦。當她那位精神病學家的先生在書房裡讀書或寫作，雪倫就獨守臥室，在電視前消磨整晚。另一個病人告訴我，他在公司寫了一整天的程式之後，回家最喜歡什麼事都不做，就坐在電視機前看著四十年前的電視喜劇。我問他，那時他太太和小孩都在做什麼事，他說：「我不知道，我猜大概是在做家事或什麼的吧。」

這種以虛構的電視家庭來替代真正家庭情感的方式，我從瑪麗安身上深刻體會到。瑪莉安今年四十一歲，獨自撫養兩個青春期女兒。她在二十多歲的時期把時間花在嗑藥和領社會救濟，藥癮發作時，女兒通常都是由親戚來照顧。後來瑪麗安唸大學時，則把孩子交由大學的托兒中心照顧女兒。三十八歲這年，她當上某大企業的業務經理，後來因爲覺得自己被工作背叛而加入了我的治療團體。瑪麗安常說，很後悔沒有多花一點時間陪小孩。現在，她的女兒各有各的房間，並且把多數時間用來講電話和上網聊天。瑪麗安堅持母女三人要一起過星期五晚上，一起吃著外帶的比薩，看著租來的錄影帶。她們常常對於租哪一部片子意見相左，但她們都有個共同的最愛：《教父》。

瑪麗安說：「我真的很喜歡馬龍白蘭度、桑尼還有他們所有人。那部片都用一種復古的棕色調，整部電影看起來非常的溫馨，我女兒也都很喜歡。我們應該租過十幾次了……我不是很喜歡第三集，艾爾帕西諾在片尾失去了一切，這種結局太令人難過了，他用盡一生想把家人聯繫在一起，但是看看他最後的下場居然這樣！我敢說我們租過好幾次了。我們大多是看第一集和第二集。這部電影真的讓我們感覺很好。我們三個都很喜歡。」

電影《教父》中的家庭，和瑪麗安的美國黑人家庭之間並沒有太多的共通點。我想是教父的家庭關係裡的深度與廣度，挑動了瑪麗安對於充實而熱絡的家庭生活產生憧憬，那是她和許多人一樣深深渴望得到的東西。兩年來，我聽著瑪麗安訴說她對職場的種種不滿和她與女兒的疏遠，我相信，那些個一起看著《教父》的星期五夜晚，應該算是瑪麗安的生活裡少數可以帶給她滿足並覺得與孩子親近的活動。

被網路和電子郵件綁住了

上網，可以說是獨自在家打發時間的新方法。史丹佛大學的社會質化研究院率先進行了網路使用效果調查，他們的研究報告顯示：「網路導致許多美國人與家人朋友相處的時間減少，在店裡購物的時間減少，而下班後在家工作的時間因而增加。」這份調查的負責人，政治學者諾曼・倪（Norman Nie）總結說：「人們花在網路上的時間越多，與眞正人類相處的時間就越少。」網路正在美國造成「廣大的社交孤立新浪潮，不需人際接觸或情感便能建構一個虛幻世界……如果我在晚上六點半回到家，並且花整晚的時間發送電子郵件，然後隔天早上起來準備上班，我等於完全沒有跟太太和小孩說任何一句話。」諾曼・倪相信，隨著網路使用量的持續增加，我們將會看到更多的人「在家，一個人，而且匿名」。這項調查特別發現到，那些每週在家使用網路五小時以上的人，其中一三%與朋友和家人在一起的時間變少，有八%的人參與社交活動的次數變少，二五%

在店裡購物的時間減少，而有二五%在白天上班效率沒有減少的情況下，在家裡工作的時間增加。

露芭絕對是一個在家使用網路及電子郵件工作的絕佳例子。露芭即使在公司工作了十二個小時了，回家還是常常把食物放到微波爐熱一熱，三口兩口吃完，馬上就躲到房間裡用電子郵件交代白天案子的事給同事，或與同事討論跟工作有關的對話。我問她，這時候她先生和小孩在哪裡，她回答：「喔，他們也許在房間，也許在上網。我們家有五條電話線，但是我的公司付我那條電話線的錢。」

我問：「你會想跟他們說話，了解一下他們白天過得好不好嗎？」

「當然想，但是你知道的，認眞工作了一整天，我通常都處於亢奮的狀態，實在很難把焦點轉到其他事情上，但我一直都很想知道我的孩子白天過得如何。」

我問：「那麼，你會用什麼方式去了解他們這一天都怎麼過的呢？」

「喔，有時候是在吃早餐的時候，有時候是輪到我送他們上學的時候。」

「從來沒有在晚上聊？」

「喔，我的孩子跟他們的爸爸一樣，非常喜歡獨處。他們有很多的事要忙，包括學校功課和自己的興趣什麼的。也許我們應該在晚上的時候花多一點時間說說話。我也不曉得。」

露芭說她的小孩像爸爸一樣喜歡獨處，似乎是不想承認她自己完全被工作佔據，也不想承認小孩爲了適應父母的生活型態而不得不做一些調整。這種否認不只是發生在露芭身上。哈奇斯爾德（Arlie Hochschild）在其著作《時間的捆綁》（*The Time Bind*）提到，上班的父母通常都會否定孩子的需要，以避免自己因爲花太多時間在工作上而感到罪惡：

爲了解決這種時間的困境，於是上班的父母會重新定義，說小孩的需求是無關緊要的，說他們不過是想要有安全感和有人陪伴而已。我研究的很多雙薪夫妻，因爲被時間催逼，就會質疑其他的家庭需求。一位先生曾告訴我：「我們並不眞的需要有熱騰騰的晚餐，因爲我們午餐吃得很豐富。」另一個則質疑孩子是否眞的需要天天換洗衣物：「他就是喜歡那件棕色褲子，爲什麼不可以讓他穿一整個星期？」還有一個三個月大的小孩，每天待在托兒中心九個小時。他父親對我強調：「我是希望訓練他獨立……」

如果說，二十世紀上半葉有很多中產階級的小孩是因爲母親過度關注、成了「母親唯一的成就」而苦不堪言，現在的孩子恐怕是因爲父母希望他們没有任何需求而覺得痛苦。

永遠不下班

如果家庭生活逐漸變得孤立，人們否認有情感上的需求，那，家庭到底還有什麼用處？從我病人們的口中和關於現代美國家庭生活的報告看來，家庭在許多時候都變得像是工作的延伸。很明顯的，工作決定了家庭的時間安排：何時起床、何時吃飯、何時相聚、何時照顧小孩、何時享樂、何時睡覺。《工作，承諾與背叛》（*The Working Life*）一書的作者席拉，提醒我們，「時鐘和工作時程表搶走了我們社交生活的自發性」，對此我還可以加上一句：「工作搶走了家庭控制時間的能力」。這現象從工業革命之初就已然成爲事實，但今日工作闖入家庭、控制家庭的方式，卻是歷史上絕無僅有的。

我們看到，美國人的工作量從來沒有像現在這麼多。原本留給家庭的時間（晚上、週末和假日）都被工作給侵蝕了，而且是快速被侵蝕。比如說，一九八六年的聖誕節是星期四，有四六％的雇主讓員工在星期五放假；到了一九九七年，聖誕節又逢星期四，這時只有三六％的雇主讓員工在星期五放假。

不但是工作時數使得工作決定了家庭時間，過去十年來，新型態的科技也徹底改變了許多人的家庭生活。《紐約時報》二〇〇三年三月登出一篇文章，「對於到處有網路連結的人來說，整個世界都是辦公室：手機、呼叫器、無線電子郵件，創造出永遠不下班的工作天。」記者海芙娜（Katie Hafner）在文中主張：「良好的通訊設施不見得代表可以減少進入辦公室的次數，卻通常意味著離開辦公室後，還得把一部分的心思留在工作上。」海芙娜舉了一個例子：彼得．胡曼是一位電腦顧問，他的手機和呼叫器時時刻刻佩帶在身上。而且，他會忍不住一再查看電子郵件。

> 胡曼先生知道，他只有工作，沒有其他生活……
>
> 胡曼太太說，他們在餐廳吃晚飯時，氣氛常常被電話搞砸。他先生會花半小時在電

話上指導別人解決電腦問題，她只好一個人翻弄著食物。

胡曼先生並不是沒有設想太太會有什麼感受。他說：「我太太對於那些電話感到不開心，她認爲那是一種停不了的干擾。我回家踏進家門，往往正在講電話而沒辦法先跟她打招呼。」

由於工作和家庭的界線不清，胡曼夫婦只好尋求婚姻諮詢。在接受諮詢的過程中，胡曼先生還是全程帶著手機與呼叫器……

露芭的生活也是類似這種的「界限不清」。萬一不能收發電子郵件，她在家的情況會變得很不一樣。露芭不喜歡看電視，她喜歡閱讀。我問她以前沒有電子郵件時她都做些什麼，她說：「嗯，那時候孩子比較小，所以我花比較多的時間在他們身上，會幫他們洗澡，講故事給他們聽，這一類的事。」

我問：「所以，電子郵件改變了你跟孩子相處的時間的長短。」

「我不能說都是因爲電子郵件的關係，因爲以前孩子還小。但我想電子郵件的確改變了我關注的焦點。我想，有了電子郵件，下班回家就沒有那麼容易把工作丟開，因爲我會想寄電子郵件給誰，談談白天發生的事，如果早點發信給她，也許她會在線上，就可以馬上回信給我。你知道，就是那類的事。」

這一句「就是那類的事」，貼切描述了工作佔據了我們的關注焦點、夢境和感情生活，它也描述了電子鍊條如何協助工作闖入生活，大搖大擺走進我們的家，走進了我們原本應該遠離工作的時間。電子郵件、手機、傳眞和呼叫器，具體地打破了工作和家庭的疆界，並且讓我們有辦法把家轉變成輔助工作站。作家德蘇札（Dinesh D'Souza）曾提到，拜這些科技之賜，「家庭和工作場所這個『工業革命加工品』之間原本的那道截然二分的界限，開始變得模糊，最後極可能會消失殆盡。」

家庭功能全部外包

家庭在很多方面可以被視爲一個能幫助我們繼續工作的協調中心，把行程表、活動和外包事宜安排妥當。在典型的情況裡，媽媽是「協調總指揮」，負責統籌安排大人的工作行程、小孩的托兒照顧、孩子的上學放學接送。誰開車送小的去托兒所、誰去接他回來、萬一父母還沒下班而托兒所要關了他可以待在哪裡、誰去看姊姊的鋼琴演奏會、公司有活動時找誰來當保姆——這些行程問題都在家裡面進行協調，從練足球、上鋼琴課到採買食品雜貨、看牙醫，而且，當然，一切都配合「工作」的時間來行動。

「外包」，是指花錢請家庭外的組織來完成若干本來是由家庭自己執行的功能。因此，照顧小孩、準備三餐、整理家務雜事，以及討論生活中的問題，分別可以指派給托兒所、家庭餐點管理業（外帶、外送、網上點餐）、清潔公司，以及心理治療師。

某些更新興的外包模式也應運而生。例如，大家都忙於工作，長時間把狗丟在家裡，於是有了小狗托育中心。幫忙成立第一家小狗托育中心的柯芙蔓（Judith Kaufman）談到：「這種安排遲早要開始。大家晚上回到了家，還是會因爲太忙而無法陪狗兒玩。」在華盛頓首府的「遊樂場連連看」（Playground Connections），專門幫兒童配對玩伴。「奶奶拜託！」（Grandma Please!）公司，提供了付費電話的服務，兒童可以打電話去找個大人和他們說話、唱歌或幫忙他們做功課。「親愛的幫我」（Honey Do）是一家位於灣區的公司，專門派送水電技工到府服務，他們不只修理東西，也幫忙更換燈泡和倒垃圾。現在的家庭可以求助於孩童安全公司、專業付帳人、家務經理和衣櫥整理專家，爲你搞定家庭生活裡的一切事物。

有了「外包」，上班族的生活變得簡單多了，但它也因為減少了我們的家務工作，而使我們的家成為空殼，家庭生活變得更為空虛。作家席拉觀察到，「被工作佔據的時間越多，我們越會覺得所有的活動都像是在工作。」聽來很有道理。如果我們家裡的三餐都是外帶食物，如果付錢請別人照顧小孩的次數比自己照顧小孩的次數還要多，如果我們只能找心理治療師傾聽我們的煩惱，如果連家裡的狗都急著逃出孤伶伶在家的寂寞，那麼，我們就是為工作犧牲掉了所有的家庭生活。如果講故事給小孩聽和準備三餐只是工作中場休息時間的小插曲，那麼看來工作已經戰勝了一切。

既然家庭生活對於很多人都大大失去了情感上的吸引力，即使有也無法維持長久，那麼，過去可以吸引我們走出家門、放下工作的傳統社交活動，像是與鄰居往來、參與社區活動，現在能不能提供一些抗衡的力量，讓我們稍微從對工作的沉迷中抽離？

以下我提出兩個與此特別相關的個案，兩者都推翻了我對於現代美國的鄰里關係和社區生活的認知。

案例　葛瑞絲只有工作與同事

四十七歲的葛瑞絲有三個小孩。她在都市的貧民區長大，獨生女，母親是單親媽媽，白天當廚師，晚上是大樓管理員。葛瑞絲十五歲輟學，十七歲生了第一個孩子，從那時起她就一直從事比較底層的工作。現在，她自己住在一間公寓套房，最小的孩子也二十三歲了，另一個兒子在坐牢，有個女兒因爲不願戒毒而被葛瑞絲趕出去，多年沒有消息。她還有一個女兒在海軍工作，總在休假時回來探望。葛瑞絲自己的母親幾年前過世，她跟阿姨、表兄妹也不怎麼親近。

這九年來，葛瑞絲在一家大型量販店當店員，上司譚雅比她年輕十歲，但她是葛瑞絲欽羨的對象。「她很有個性和幽默感！那個女孩能獨立思考，永遠有反應，不會讓任何人擊敗她。」葛瑞絲覺得和譚雅是好朋友。譚雅時常在晚上打電話給她，跟她講事情，問她如何處理員工的問題。她們偶爾會一起吃午餐，到附近的公園聊聊是非。葛瑞絲覺得其他同事都很嫉妒她與譚雅的關係如此親近。

最近一年來，葛瑞絲開始出現婦科的毛病，常跑醫院。她做了很多檢查，醫生建議她做子宮切除。她很害怕，因爲她沒有動過手術；她也很徬徨，因爲醫生無法保證切除了子宮就絕對可以解決她的疼痛和膀胱的問題。然而，這些害怕與徬徨都還好，她難過的是譚雅對她的健康不聞不問的態度，以及同事聽她談到手術細節時的漠不關心。葛瑞絲每次看完醫生後回去上班，譚雅和同事們都沒有人表示關心。葛瑞絲變得抑鬱寡言而悶悶不樂。聽到譚雅談到其他同事時，葛瑞絲不說話。她不敢相信，「我在考慮動手術這種大事的時候，譚雅竟然在關心那些愚蠢的事。」

葛瑞絲的健康狀況開始走下坡。她開始吃藥控制血壓，身體多處會出現疼痛和麻木症狀。醫生認爲葛瑞絲是因爲太在意即將要做的子宮切除手術才會這樣，爲了幫助她處理這種焦慮，於是轉介她去做心理治療。然而，葛瑞絲在與我進行的治療過程中，開口閉口都是譚雅和同事。每一個上班的日子似乎都會有某人如何如何忽視她的感覺。雖然她可以坦然談到自己對手術的恐懼，但這些恐懼與焦慮都退居爲背景，眞正盤據葛瑞絲心中的是一齣個人劇碼，那齣「我以爲他們是朋友，我以爲他們會在乎我」的長篇大戲。

心理治療做了一個半月的時候，葛瑞絲有一次看完醫生後打算回去上班，在店裡遇到她的主管譚雅，譚雅冒出來的第一句話竟然是要求她晚上加班。葛瑞絲實在是無法承受，她轉身就走出店門，馬上開車回家，然後立刻打電話給我，哭著說她沒辦法回去上班了，問我能不能幫她填一張短期失能的證明。她說：「反正我對任何人來說都沒有價值了。」

葛瑞絲把自己關在小公寓裡，靠社會局每半個月寄來一次的微薄救濟金過活。她沒有把這些遭遇告訴在軍中工作的女兒，因爲她覺得這個女兒有自己的生活。葛瑞絲不斷不斷說她沒有人可以分享心事，因爲所有的朋友都在店裡，而現在他們都變成是跟她對立了。沒有任何同事打電話來關心，於是她假設同事們都在站在譚雅那一邊，沒有人了解她的痛苦情緒。

我問葛瑞絲有沒有其他家人或鄰居幫得上忙，她說：

「我母親一直在工作，但她們家那邊和我爸家這邊的人都會互相幫助。我媽教我要看得起自己。她們家的人關係很親密，有幾個親戚住得很近……他們常常互相走動。但是你看，我媽工作，我也在工作，我們從來不加入那邊親戚們的生活。我想這個家庭是在嫉妒我，就是覺得他們有那種『我們配不上你』的感覺。我是認識鄰居沒錯，我也跟他們一起長大，但他們也一樣，我總是在上班，而我回家就得照顧小孩。我不喜歡跟那裡有太多瓜葛，我想他們也是有點嫉妒我。」

葛瑞絲全心投入工作，使得她與家庭、社區都脫了節。葛瑞絲以母親爲榜樣，靠自己力量過活、獨力撫養小孩，很長一段時間都不加入鄰居和社區生活。從她的工作倫理可以看出她「看得起自己」，這也促使她不跟那些沒把工作當一回事的人來往。因此，對葛瑞絲來說，「致力於工作」和「參與家庭與社區」兩件事是互相抵觸的。

案例　吉姆用工作來避開空虛感

從表面上來看，吉姆的故事跟葛瑞絲大不相同。吉姆三十三歲，在廣告公司當主管，他因爲沒有把某個大型廣告活動處理好而被老闆責怪，於是來我這裡接受治療。他告訴我，這件事是他這一生中第一次失敗。吉姆的外形俊帥，像極了電影明星；他的反應快而機智，充滿了幽默感。他成長於紐約長島的中上階級家庭，讀的是長春藤聯盟的大學，其後在廣告業平步青雲。他認爲自己是成功的。他談過多次戀愛，每一次都因爲吉姆過度對工作投入而被擱在一邊。「我覺得現在是建立事業的時候。先存點錢，以後再安定下來。」

為了努力「建立事業」，吉姆常常一週工作七天；有些工作是在他家裡用電子通訊的方式完成的。他二十九歲那年買了這房子，內部精心裝潢，屋裡有各式各樣的新式科技辦公配備，並且可以居高臨下欣賞舊金山海灣的風光。他的房子和家具是「我的成功的寫照。每一次我走進家門，我都會對自己說，『你**成功**了』。」

吉姆的工作出現瓶頸之後，他變得老是躲在家裡。表面上，他花更多的時間以電子通訊方式工作，但實際上他並沒有完成什麼事，反而花很多時間在想自己的情況。他會望著窗外思考生命的意義，在這種時刻，他會感受到強烈的孤寂感，冷到了骨裡的空虛感，覺得自己似乎和週遭所有事物完全不相干。正是這樣的疏離感促使他前來尋求治療。這種感覺讓他覺得自己簡直瘋了。

一開始，吉姆每一個星期來一次；然後變成一星期兩次；後來，為了和別人有「連上線」的感覺，他一週來三次。在療程裡，他逐漸明白自己確實是利用工作來避開空虛感，以及與人「連不上線」的感覺。他開始強烈質疑自己，是不是因為年輕時就知道自己是同性戀，因而把自己封閉起來。他以為成功可以掩蓋掉那種知道自己與別人很不相同的感覺：

「好笑的是，我根本不知道如何交朋友。不管是在大學時或開始工作後，別人都會主動來找**我**，我從來不需要去找**他們**。從我高中、大學到現在這份工作，一切總是直接擺在我眼前，我不需要**做什麼**就可以擁有美好的生活；我的確擁有美好的生活。但現在我感覺像是在海上漂流。不到酒吧去買醉，還能做什麼？能去哪裡？」

出去？能去哪裡？去做什麼？

吉姆那句「能做什麼？能去哪裡？」是我整天會聽到的話。我所有「被工作放逐」的病人都曾用不同的方式說出這樣的話。那些人把人生完全交給了工作，無法想像如何與工作以外的人產生聯繫，如何找到自己、找到生活的意義與目的、或是工作以外的歸屬感。

這種與外界隔絕的感覺，顯然是現今美國社會的一大趨勢，這可以在許多地方得到證實。

首先，工作以外的社交活動逐日減少。政治學者普曼根據他在二十世紀的後面二十五年所做的研究表示，「社交拜訪的頻率在過去二十五年來降低的幅度極爲驚人。」在九〇年代，美國人在家招待朋友的比例，比七〇年代減少了四五%，從一年十四、十五次降爲八次。《紐約時報》在二〇〇〇年十一月五日登出了「娛樂已死」這篇文章，提到「洛杉磯的人在一般的工作天是不參加晚餐派對的，因爲他們怕別人會覺得他們沒有在工作」。一份調查發現，從一九八五／八六到一九九八／九九年，美國人交新朋友的意願下降了三分之一。記者傑佛芮（Nancy Ann Jeffery）在《華爾街日報》（*Wall Street Journal*）的一篇報導中問道：

> 我們以前不是都有朋友嗎？現在，從高階主管到家庭主婦，人人似乎都有相同的抱怨：大家都不再像以前那樣重視友誼了。我們把它歸咎於工作時間太長、出差太頻繁，以及大量娛樂化的資訊內容使得我們對每件事都很亢奮，只除了對「人」……友誼的重要性漸漸位居邊緣——這現象在我們歷史上是反常的……在美國，從橋牌俱樂部到稱兄道弟的電影，友誼始終是大眾文化的主要成份，但昨日已遠：九〇年代早期的《六人行》（*Friends*）與《歡樂單身派對》（*Seinfeld*）影集裡，那種朋友們沒事就窩在一起喝咖啡打屁的聚會已經下台，讓位給那些呈現青春期焦慮和教你變成

百萬富翁的節目。

從一九七四到九八年，美國人「和鄰居在晚間交誼」的頻率降低了大約三分之一，而比起五〇年代，降幅更高達一半。

工作以外的社交活動減少，參與面對面的義工組織活動的頻率也跟著減少。人們參與各種團體的比例（如義工組織、園藝俱樂部、學校家長會、教會團體等）都大幅下降。普曼提到，「在一九八五到九四這短短十年間，美國的社區組織活動參與率滑落了四五％之多。由此看來，在這十年裡，將近一半的美國公民基礎被淡忘了。」

毫無疑問的，女性參與勞力市場的比例增加，乃是造成這項改變的主因之一。在過去，一直是由女性義務負責聯繫鄰里間的情感、支持義工團體和社區團體、籌募金錢、舉辦烘培義賣、對弱勢提供救援。三十年前，家庭主婦把社區拉攏在一起，讓自己的家庭在社區裡有一席之地；今天，這些女性有了工作，她們的家在白天也跟別人家一樣空蕩蕩。沒有人在家門口東家長西家短、或喝咖啡聊是非。整個社區死氣沈沈，男性與女性同樣在平常日子裡辛勤工作，到了週末便處理雜事，癱在電視機前面。

此外，不管已婚或未婚人士，前往酒吧、俱樂部、舞廳和小酒館的次數也都漸漸減少。在這些地方，我們本可能會遇到鄰居、同社區的人和陌生人。過去二十年來，美國人花在這種地方的時間已經掉了四〇到五〇%。同時，從一九七〇到九八年，提供全套用餐服務的餐廳數量減少了四分之一，酒吧和小館子的數量減少了一半，但速食餐廳的數量成長了一倍。面對這些改變，學者普曼評論說，那些在麥當勞不耐煩地排隊點餐的人，「不像那些經常進出附近小酒館和咖啡廳的常客會認得你，這些在麥當勞排隊的人才不管你是誰……事實上，美國人越來越變成『快快吃完，速速離開』，而不再像以前一樣坐下來聊一會兒天。」

隨著義工精神、公民參與度和對鄰近小館子的光顧頻率逐年下降，美國人與鄰居和社區失去了聯繫，喪失了和工作環境以外的人建立關係的能力。我們不太願意結交新朋友，因爲面對這些不是同事、經理、上司的人時，我們失去了自信，不懂得如何應對進退。除了家人和公司的人，其他人都像是百貨公司裡來來往往的陌生人。購物似乎成了唯一一個能驅動我們願意繼續到公共場所的理由，但我們購物不是爲了要與別人相遇或是結識；我們在充滿了「別人」的環境中購物，只因爲我們喜歡物品，想要擁有物品。

情感上的禁慾主義

一旦我們跟別人往來的興趣降低，我們就變成不太懂得知如何在工作之外消磨時間。亞特拉斯（James Atlas）在其論述周延的〈樂趣的墜落〉（The Fall of Fun）一文中惋惜，一個爲了工作和追求生產力的社會，失去了「體驗新鮮事」的能力，不願意「只問耕耘不問收穫」，不再有那些「讓人生獲得意外驚喜的時刻：想一想，你最近一次有朋友突然造訪並留下來一起吃晚飯是什麼時候的事了？」

對此，社會學家哈奇斯爾德也表示了遺憾。她認爲，當我們把較多的生活奉獻給了工作，我們就變成「情感的苦行僧」，因爲我們爲了在工作上多付出，我們就會硬起心腸，「不在意別人的感受，也不理會自己的需求」。

我認爲，這種情感上的禁慾主義確實逐漸滲入了一般的生活層面。我們將就於各種東西的變少：時間變少、樂趣變少、諒解變少、親密感變少，當然在乎程度也變少了。我們不期待要認識鄰居，不期待走進附近商店時會被別人認出。我們不覺得可以當不速之客，突然造訪朋友。我們爲了沒有做完週末「應辦事項單」上的每一項工作而自責。

我們不覺得自己可以什麼都不做，不事生產。

「隨興所至」和「得到樂趣」，與我們這個崇尚工作的文化背道而馳。

假如孩子們可以學習、上課、爲未來做準備，這時很多人對於要不要讓孩子去玩耍感到爲難。現在的休閒，要依照我們追求它的努力程度來重新定義了：「認眞工作，認眞玩樂」。假如你可以在星期天去上共同基金的投資課、爲馬拉松做訓練或收發電子郵件，你卻整天賴在床上閱讀、做愛、思考人生，豈不是太軟弱、放縱而沒有生產力了？

家庭和社區生活從六〇、七〇年代起逐漸消失，或多或少是因爲我們想要爭取更多的個人自由、獨立表達和自我實現。五〇年代的文化約束造成很多美國男性希望拋開單調而無成就感的工作，女性則希望逃出令人窒息的家務事。想要追求原欲的體驗、個體的創造力、休閒、和對各式權威的質疑，這些渴望促使人們把期望和責任拋在腦後。然而，三十年下來，這樣的慾望卻被禁錮得更牢更緊，因爲不論男女，所有人都被工作綁得更緊。我們也許換掉了法蘭絨西裝穿上T恤牛仔褲，但我們的慾望已經被工作控制住，並且以此換取企業更大的利益。「個人自由」也換了新解，成爲隨意更換工作的自由；「自我實現」被窄化爲工作上的成就；「對性的個性表達」昇華成每天工作十二小時，其間偶以點選色情網站或短暫邂逅作爲插曲。我們是一個禁慾的國家，爲了個人的生產力而斷絕了休閒、樂趣與互相關懷的需求。爲了不縱容自己，很多美國人變得不肯承認自己的需求和慾望。我們也許生活在一個相當富裕的物質環境裡，但是我們也靜靜忍受著工作之外無他，只有孤單和空虛作陪的生活。

這種忍受一個人孤伶伶活在世上的感覺，這種不再期待接收到關心與支持的心情，瀰漫在我的病人們的生活裡。他們失去了工作以後，眞的不知道該何去何從。大部分人整天看電視，因爲他們感覺丟臉而不敢跨出大門。瑪麗安說：「在我住的大樓裡，每個人都在工作。」萊爾諾在妻子和兒子出門工作後，自己待在家中看電視：「我不要讓人家知道我不能工作，所以我整天都拉上窗簾。」至於露芭則說：「我能去哪裡？大家都在工作。如果你不工作，你一定有問題。」露芭也跟多位病人一樣，沒辦法拿著自己這般重大難題找別人求助，因爲「這是我自己的問題，我需要克服它。別人無法了解這種情形」。

對於許多來找我接受心理治療的病人來說，我這個要收錢的專業人士是他們的重要情感支持。在他們眼裡，人人都在工作，個個有自己的問題，都忙得沒有時間或意願去管別人。而且**事情本來就是這樣**——他們一次又一次這樣對我說。對於要獨自面對問題的這種情況，他們沒有驚訝、受傷、悲嘆的感覺。他們不覺得跟家人或鄰居有關連，不知道自己在工作跟電視以外還能做些什麼，不懂得享受樂趣——這些，他們認爲是理所當然的事。但我認爲，我們所要的「個人自由」絕對不是這個樣子。

家庭、鄰里和社區等的衰微，使得作家森耐特提出「我們變成了一個沒有體制性庇護的社會」這個觀察。這不只是因爲我們覺得回家沒有意思，出門又不好玩，而是我們連支撐自我和評估環境與經驗的方法也變少了。正因爲我們越來越沒有活在體制性的庇護裡，沒有長時間互相看著其他人過生活，共同擁有回憶，於是我們失去了許多可以用來認識自己和世界的參考點。在如此荒蕪的景況下，職場看起來就成了唯一的避風港，讓我們的情感找到庇護、意義和方向。

3 在別人身上找自己

所有固定而快速冷凍的關係，及其古老而神聖的偏見與看法，都一掃而空；所有新形成的關係還來不及僵化就已過時。所有穩固的一切，都化爲一場空。

馬克思（Karl Marx）

蜜雪兒每週固定到我這裡做一次治療快一年了。她今年二十六歲，經由一位律師轉介過來，這位律師幫她提出告訴，控告她老闆對她性騷擾。蜜雪兒顯然是在律師面前崩潰，哭個不停，渾身發抖，沒辦法清楚說明發生在她身上的事。於是她律師把她送到我這裡來。

蜜雪兒是一位非常迷人而柔美的年輕女子，她對於自己所遇到的事情有些困惑。她兩年前進入這家舊金山的進出口貿易公司，擔任老闆的行政助理。她說她非常「愛」這份工作、愛她的公司、她老闆葛倫和同事們。她說她們「就像一家人」，所以她很樂意加班，並且做許多工作範圍以外的事情。蜜雪兒說，她對於公司大樓的清潔管理並不滿意，所以她會私下定期清理公司的洗手間，她說這件事的時候，並沒有出現不好意思的神情。她偶爾會帶自己的吸塵器到公司來清理地毯。她也很會作菜，常在星期一把她前一天烘培的東西帶到公司給同事們吃。

案例 蜜雪兒在公司像在家

依照她自己的說法，她非常尊敬葛倫，每當老闆稱讚她工作做得很好時，她感覺特別開心。葛倫在十二年前一手成立了這家公司，蜜雪兒很佩服他的成功。在我這裡進行了幾個月的治療之後，蜜雪兒承認她漸漸會做一些事情來吸引老闆的注意；如果老闆沒有注意到她額外付出的努力，她會非常難過：「我會覺得我可能會被責怪，我沒有做對事情，我也會試著再想想該怎麼做更好，才能引起他的注意。」

蜜雪兒對老闆不僅尊敬，甚至到了崇拜的地步。所以當葛倫告訴她，要在秘書節這一天請她吃午餐時，她興奮得不得了。蜜雪兒滿心期待，爲此買了新衣服，事先花了相當多錢整理髮型，當天出門前還精心化了妝。蜜雪兒事後回想，她那天眞的化了很濃的妝，而且上衣也短到不能再短：「我知道我想要吸引他的注意，我不知道我到底在想什麼……或許我根本沒有在用大腦想。我猜我確實是想要點什麼，但又不知道是什麼……也許就是希望被別人注意吧，希望他喜歡我。……我那一天穿了魔術胸罩，我平常只在週末穿，不會穿去上班的。但這一天實在太特別了，所以我想，穿穿又何妨？」

蜜雪兒說她坐在老闆的 Lexus 車裡前往餐廳時簡直覺得樂翻天了，葛倫沿途說著他剛才與一家他想要購併的公司開會的一些事。「我眞不敢相信他對我說這些。他要我發誓保守秘密，我心裡想天啊，他眞的覺得我很重要，我的意思是說，他眞的非常信任我。」他們來到一家可以飽覽灣區大橋風光的餐廳，喝了點雞尾酒。她老闆在餐間都在談公事，說著公司擴張的計畫。蜜雪兒喝到了第二杯酒時，已經聽不太清楚老闆在說什麼了，但她仍然覺得既榮幸又開心，因爲老闆告訴她這麼多重要的公司大事。

蜜雪兒說，這個模式的對話持續出現在他們回辦公室的路上，然後他們走進葛倫的辦公室，葛倫把門關上，突然轉身，把她逼往牆壁，深深吻了她，同時撫弄著她的胸部。蜜雪兒告訴我說：「我沒有選擇，不是抵抗就是快逃。」她費勁掙脫他的魔掌，把他推開時，絲質襯衫破了；她狂奔出他的辦公室，衣服凌亂、睫毛膏弄髒了眼圈。這時她撞見了經理蘇珊。蘇珊五十出頭，蜜雪兒非常尊敬她，也常烤檸檬蛋糕給她吃。蜜雪兒沒辦法對我重述接下來這段時間到底發生了什麼事情，因爲她說自己變得歇斯底里，哭個不停，全身顫抖。後來蘇珊帶蜜雪兒回家，兩人坐在床邊談了將近一個小時，慢慢弄清楚狀況，並與她一起思考接下來的對策。蘇珊說，她知道至少有兩位女性員工也曾被葛倫性騷擾，所以主張蜜雪兒應該要對葛倫提出性騷擾的告訴。

蜜雪兒覺得羞愧、害怕，心情混亂，沒有辦法回去上班了。她去找蘇珊推薦的一位律師，就是這位律師把她轉介給我。

在這一年的時間裡，我跟蜜雪兒談著她是多麼急於取悅老闆、獲得別人對她的肯定，而她的天真使得她對於葛倫毫無反抗能力。我們先不寬恕老闆的行爲，也不責怪蜜雪兒，只客觀地檢視她對於工作場所有什麼需求和渴望，並且看到了她這些需求和渴望永遠無法在工作上獲得全面的滿足。蜜雪兒這幾個月都沒有工作，暫時靠勞工補助金維生；然後她決定要找一份新的工作。

我相信她大有起色，很高興聽到她說希望能在找到新工作之後繼續和我固定碰面討論——然而，蜜雪兒找到新工作後第一次跟我會面時，我嚇了一大跳。

蜜雪兒的新工作是到矽谷一家大企業上班。她是在公司外部接受面試的，所以當她第一天到公司總部上班時，她大吃一驚：她第一眼看到了一座三層樓高的滑梯，佔滿了公司的大廳，員工穿T恤、牛仔褲和短褲上班。公司的人告訴她，她可以把需要乾洗的衣服帶來交給公司助理，隔天下午就可以取回。公司免費提供咖啡、可樂、礦泉水和軟糖。其中，最讓她印象深刻的是她的新老闆，薛碧，一個畢業於布朗大學研究所的二十七歲女孩子，身穿布朗大學的T恤、短褲和登山鞋。薛碧坐在蜜雪兒的辦公桌上告訴她，這家公司是「全矽谷最棒的公司」，說起了自己如何在二十六歲就登上助理副總裁的位置。薛碧告訴蜜雪兒，加入這家公司就好像「回到家一樣自在」。

蜜雪兒這次走進我的辦公室時，完全被新東家給收服了。她說來說去都是她的新老闆，她認爲薛碧所做的任何一件事都對她具有啓發性，也值得她效法。蜜雪兒唯一的期望便是達到薛碧的要求，不要讓她失望。我試著婉轉提醒蜜雪兒過去我們談過的內容，我提醒她注意，現在她對於薛碧的感覺，跟幾個月前她對葛倫的感覺一模一樣。但蜜雪兒堅稱這兩種情況截然不同，因爲薛碧是女生，而且兩家公司大大不同，因此無從比較。在接下來幾週的會談裡，我提到了我們過去的一些對話，並試著要她找出這兩個工作裡的相似性。蜜雪兒用一種非常高傲的態度告訴我：「如果你在那裡，你就會懂了……就像薛碧說的，我在那裡就像回到家一樣自在。」

我在心裡默唸著她這句「像回到家一樣自在」。現在，蜜雪兒像回到家一樣的自在。這是什麼意思？是指：一，她到了。二，她回家了。三，工作非常自在。四，工作是家。五，工作是讓你自由自在的家（你可以穿短褲、吃公司供應的軟糖、跟你二十六歲的主管一起溜滑梯）。到底是什麼呢？

會談繼續進行。我想讓蜜雪兒質疑她自己對於新公司及新主管的「理想化」，但我的努力完全失敗。蜜雪兒又讓她自己被工作給吞噬了。她幾乎每天晚上都在公司待到很晚，永無止境地努力要爭取薛碧的肯定與讚美。她常常烘培糕點餅乾給同事吃，甚至有人還下訂單給她，要求她做自己喜歡的口味。爲了滿足這些需求，蜜雪兒一大早就起床烤蛋糕，通常把大部分的週日時光花在廚房裡。

在這個新工作三個月後，蜜雪兒告訴我，她們的團隊越來越像她的家人，甚至比她眞正的親人還像一家人；又過了兩個星期，蜜雪兒在我的答錄機中留話，告訴我她以後不能來參加治療了，因爲每週三晚上六點半的會談時間會使得她無法待在公司加班。我留話給她，想跟她討論一下她這個決定，但她沒有回電話。

看起來，比起蜜雪兒公司裡的緊急召喚，我的聲音是太薄弱了。蜜雪兒在新公司獲得肯定、歸屬感、得到感謝，還與她所羨慕跟崇拜的人共事。新工作給了她自尊；她的工作表現和烘焙能力都受到肯定。對她而言，大家就像一家人。蜜雪兒所有關於歸屬感的需求和情感面的渴望，都在這個擁有三層樓滑梯的公司裡實現，在**像回到家一樣自在**的話語裡獲得滿足。

然而，我們該如何解釋蜜雪兒的故事？

在人際關係裡呼吸到氧氣

在過去的二十世紀，我們在衡量何謂「心理健康」和「成熟」的時候，是透過自動性的自我完成來定義的。幾乎所有關於心理發展的理論，都從「可清楚定義的不同階段」爲出發論點：從完全無助的依賴狀態或者與母親共生的狀態，進展到完全獨立或自主。不同的心理學者也許對於各個階段的細節狀況提出了不同的關注，例如佛洛伊德提出的口腔期、肛門期、伊底帕斯期等；瑪樂（Margaret Mahler）則是「分離—個體化」、「和解」；艾瑞克森（Erik Erikson）提出了「信任／不信任」、「自主／羞愧懷疑」、「主動／罪惡感」等。但他們的結論都認爲，「成熟」指的是不必依賴別人而能獨立自主。

近幾十年來，發展理論開始轉變。隨著發展心理學、心理分析、女性主義等思潮的演進，所謂的「成熟的大人」被重新定義，指的是人類在本質上，就需要與一個有他人存在的環境建立持久而可靠的情感關連。需要與他人產生連結，不再被視爲軟弱或不成熟的表現；這種成熟的依賴或是「在關係裡的自我」（self-in-relationship）逐漸被接受爲心理健康或成熟的定義。引導此轉變的理論學者之一是心理分析師柯赫（Heinz Kohut），他提到，我們與別人的關係不僅存在於日常生活，也存在於我們的精神層面，這些人際關係「是一個人從生到死的精神生活的基礎……」

在心理學領域，已經不把由「依賴」（共生）進展到「獨立」（自主）視爲可能發生的事，這就像是在生物學領域，必須仰賴氧氣爲生的生命不會進展爲不需要氧氣；既然不可能發生，又怎麼談得上想不想要。

另外一位心理分析家密契爾（Stephen Mitchell）則扭轉了我們對於人類發展和心理健康的了解。他寫道：

> 從心理學可接受的意義來說，在孤立狀態和不與任何人建立關係的狀態裡，沒有所謂的自我……個人保有自我心理世界的這個過程，可以比喻爲想要維持肉體的結構完整……與他人的關係就像是骨頭，很難以肉眼觀察得到，但它提供了骨架一般的架構，支撐起所有的經驗。爲了維持一個「穩定而一致的自我」，我們需要「與別人建立起可靠而持久的連結」。

科赫採用「**自我客體**」（selfobjects）這個名詞，來代表我們用來喚起、維持和強化我們的自我感的「他者」(others)。爲了要作爲一個人，爲了要擁有一個持續而整合的自我感，所有人都需要與別人建立起有意義的關係。這些重要的「他者」，也就是這些「自我客體」，將會如鏡子般反映出我們是誰，我們有什麼價值。藉著與這些自我客體建立關係，我們會覺得安全；如果我們賦予這些自我客體以權威和地位，我們還會覺得自己是重要的、是有力量的。然而，這東西必須從一個心理學的角度來理解：自我客體不會只存在於人際層次，還會存在於「內在心理的」(intrapsychic)及「互爲主體的」(intersubjective)層次。我的意思是說，我們會把「自我客體」帶入內心，而自我客體就在有意識或無意識的情形下運作，成爲我們的一部分；這是我所謂的「**內在心理**」層次。但這種帶入內心的內化過程，卻永遠無法完整。我們並不是在把這些人際關係放進心裡以後就可以與它們沒有關係，我們需要它們存在於我們所處的環境裡，讓我們再確認、並繼續維持它們的功能；因此，這是所謂的在「**互爲主體**」的層次運作。

對蜜雪兒來說，前後兩任老闆都提供了重要的「自我客體」功能。由於蜜雪兒把老闆理想化，因此，她會因爲與他們產生關連、贏得他們的喜歡或感謝而覺得自己很棒，即使不在老闆旁邊也會有這種感覺。蜜雪兒內化了老闆對她的肯定，因此不需要有意識地想到他們也可以在早晨醒來時感覺安全和得到支持。她可以把整個星期天拿來烤糕餅，不需要特意想像大家接到她的蛋糕會有什麼反應，這樣她就滿足了；因爲老闆及同事——主要是老闆——對她的正面肯定已經進入她內心了，因此蜜雪兒只要從事一樁可以導出這種肯定的活動，就會覺得自己的付出是非常值得的。

但她運用「自我客體」的方法相當特殊而且屬於舊時代的作風；她一直覺得，工作上的重要人物會因爲她的表現（在辦公室多付出、烘烤蛋糕餅乾、經常讚美別人）而接受她，關心她。但她的老闆和同事並不是她的治療師、導師或眞正的朋友，因此可以欣然接受她爲了得到喜愛而取悅別人的做法，感謝她爲他們或公司所做的一切。

所以，蜜雪兒因爲葛倫的性騷擾而離開公司後，沒有一個同事打電話給她，也似乎沒有人關心她發生了什麼事。蘇珊一開始幫了忙，後來就再也沒有消息了。這種忽略的態度更強化了蜜雪兒內心最悲觀的懷疑：她必須一直照顧別人，才會被別人接受，自己也才有價值。她內心深處完全不了解自己的價值何在。她因爲以爲自己與葛倫或其他同事建立起了關係而感覺到的價值或自尊，卻沒有在她離開公司的這件事上得到同樣的滿足。事實上，她與他們的關係並不是互相依賴的、也不具持久性，而是有條件的，也因此是有缺陷的。正如心理分析家巴卡爾（Howard Bacal）所說：

如果沒有這種自我客體的經驗，人會失去安適感。假如自我客體的經驗是有缺陷的，我們的自我感將會迷失、自我面臨崩解、分裂或出現退化——隨你高興用什麼字眼來表達。自我客體經驗，正是讓我們把「自我」黏合起來的黏合劑。

我需要你告訴我，我是誰

每個人對於自我客體的需求程度都不相同。我們接受到的養育方式，大大影響了我們接觸社會環境的方式，以及渴望他人提供多少程度的肯定、尊敬及安全感。如果教養我們長大成人的人很具有同理心，態度穩定而一致，那麼我們就可以發展出比較有彈性而且穩定的自我感，以密契爾的話來說，我們就可以在「依附和自我界定」、「連結與分化」之間來去自如。我們長久以來對於「我是誰」所凝聚的一貫認知，會界定、也會調整我們對於別人的需要。這個對於自我的認識，會因為我們與有意義的人所建立的關係而獲得力量、充實和維繫；一旦我們所依賴的自我客體背叛了我們，我們的自我認識就會被攪亂，面臨考驗。

不過，如果童年沒有得到和諧的照顧，我們成年以後可能會發展出不穩定而分裂的自我認識，或者經常需要別人的支持和鼓勵。我們不會使用周遭的自我客體來映照出自我認同和自尊，卻需要依靠別人來告訴我們「我是誰」，「我的價值何在」。若缺乏了一個感覺自己受到肯定、重視和被愛的完整自我，我們就老是要在四周尋找自我客體來**給我們**那些感覺和經驗。因此，我們充滿了飢渴：渴望被感謝、被接受、被羨慕、被稱讚、被重視，以及被愛。

通常，這類飢渴可以在成年後獲得滿足——心理治療逐漸形成這樣的認識。治療師給病人一個出於關懷而和諧的長期關係，眞正看到病人的面貌，眞正將心比心體諒他的感受，這可以協助病人發展出整合的自我認識和眞正的自尊。同樣的，持久而密切的人際關係（例如親密感情、好朋友或導師等），可以讓一個沒有在童年時獲得完整自我認識的人，眞正獲得這份珍貴的自我認識。

事實上，所有人對於自我客體可能都有某種程度的需求。即使從小接受到良好照顧，也會在某些事上特別容易覺得受傷，因此長大成人後會需要找別人來協助我們處理。對於自我客體的需求，從「需要別人肯定自己的價值」到「極度需要別人幫忙面對自己的缺乏安全感」等，程度各不相同。大部分的人可能一直都需要得到綜合上述各種情況與程度的協助，也可能在人生的不同階段需要不同程度的自我客體。舉例來說，大部分青春期孩子都非常需要有人協助鞏固自我並建立認同。

以心理學的角度來看，我認爲，若要了解我的病人爲何會選擇「嫁給工作」，要先認清楚他們對於自我客體的需求是什麼：他們在人生中的這個時刻，對於職場到底懷抱了怎樣的情感渴望或對歸屬感的需求？他們有多麼需要依賴別人來提供自我感和價值感？他們對於自己會漸漸形成一致而連貫的認識嗎？還是會依照他們所做的事、認識的人、被人接受的程度不同而有變化？

我認爲，我大部分的跟工作結了婚的病人，都對於自我客體有強烈的需求。他們期待職場關係能給予他們支持和鼓勵，能夠肯定他們、重視他們的價値、甚至愛他們。套用密契爾的比喩，我這些病人的「骨骼」是虛弱的，爲他們把自我黏合在一起的黏合劑若不是沒有發生作用，就是黏得還不夠完整。

就像前面說到的蜜雪兒。她說她小時候很害羞，沒有安全感，她覺得父母一直很忙，都沒有時間陪她，而且他們比較疼她妹妹，因爲妹妹從小就比她外向、比她有自信。小學生活對蜜雪兒來說簡直是夢魘，她交友不順、功課不好、連運動方面也沒有好表現。不過，進入青春期後，事情漸漸有了改變。她長成一位亭亭玉立的好看女孩，吸引許多異性的眼光；她認爲這讓她在女孩圈裡獲得較多的肯定。她漸漸受到朋友的歡迎。但她總是覺得，如果別人能看透她，認識了藏在美麗外表底下的她，就會不理她。因此，蜜雪兒盡可能地取悅其他人。如果她不斷去照顧那些她所崇拜的人、她希望贏得注意的人，她就會得到那些人的接受與喜愛。如果她不這樣做，那麼大家就會看到她的眞實面目：不值得愛，能力不佳。

我想，布蘭達潛意識裡也採用了跟蜜雪兒類似的策略。布蘭達說她小時候常覺得父母很冷淡，有時候甚至是忽略，這使得她非常渴望得到權威人士的肯定及重視。因此，能夠與她所尊敬及崇拜的人產生連結，讓她獲得安全感。在她所工作的律師事務所裡，布蘭達覺得自己找到了那種感覺，這和蜜雪兒遇到薛碧時所產生的感覺一樣。

至於第二章提到的英格麗和露芭，她們似乎比蜜雪兒和布蘭達更需要自我客體。英格麗的家庭把「生產力」當作人生價値的終極指標。從很小的時候開始，英格麗內心深處就認爲，她一定要有好表現才能夠被接受，她不能只「是」什麼，而必須「做」些什麼。她二十幾歲進入高科技產業，這個環境不但強化了她這種潛在信念，更使它惡化。她需要別人對她的成就表示肯定，這種需求是她的自我客體黏合劑，促使她每週工作到誇張的一一〇小時。

露芭的需求稍有不同。她在家裡和同儕裡都被認爲是最優秀、最有能力及最獨立的一個。她母親常說她「從出生那一天起就知道自己要什麼」。儘管她對於自己的成就和自動自發也感到十分自豪，但她覺得自己似乎從來沒有歸屬感。她相信，她的聰明才智讓她跟家人以及所生長的東歐小鎭上的其他同學產生了鴻溝。因此，露芭從第一天上班踏進辦公室起，她就不自覺地渴望從別人身上看到自己的價值和重要性。她內心深知這一點。不過，她又希望能夠融入公司，感覺自己被同儕接受，因此，她很高興自己在工作上沒有因爲能力與聰明才智而被人特殊看待，與她共事的夥伴們各有特色，這讓露芭找到一份渴求已久的深厚歸屬感。

當我用這種方式來檢視我的病人們潛意識裡存在著哪些需求時，我清楚看見是哪些關鍵元素使得他們「嫁給工作」，但那些還不是全部。我們不但需要了解爲什麼這些人會這樣過度投注感情於工作上，也要探討這種過度投資爲什麼會成爲一種社會趨勢，變成新興的美國式生活。

來自別人的關注變少

如同第二章提到的，在我們的社會裡，系統性的庇護體制越來越少，使得我們覺得沒有避風港，沒有置身一群穩定可靠的人之間，沒有扮演特定的功能或角色。我們搬家、換工作、與某人同居、分手、交新朋友、又搬家、結婚、生子、離婚、再搬家。如同心理學家葛根（Kenneth Gergen）所說的：

> 某人身邊的一群人，對他的回應假如都很類似，那麼將可以塑造一個較爲一致的自我認識。……然而，現在我們成了人生過客，居無定所，四處飄盪，那些能夠協助個體認識自己是誰的東西，已不復存在。
>
> 能讓個人生命獲得深度的，不只是一個具有凝聚力的社區而已，還要看有沒有人提供必要的時間和注意，讓個人的內在自我逐漸顯現……一般人需要有充裕的時間進

行探索才能獲得這種深入的感受，才能超越功利的算計，進展到「深層慾望」、遺忘已久的幻想，最終到達「對人生眞正重要的事」。然而，今日我們很難找到的便是這種「跳下旋轉木馬的時光」。

對我而言，葛根這段完全不用專業術語的話，似乎呼應了幾位心理分析師的觀點，認爲人一輩子都需要有自我客體。不過，葛根接下來提出了歷史性和社會性的論點，指出了我們現在能夠體驗到自我客體的機會已經變少了。過去，美國人大多經由家庭、鄰居和社區「與別人建立關係，這些人所付出的時間和關注，讓我們的內在得以逐漸顯現」，也就是形成了完整的自我。隨著各種社會體制的式微，我們發現自己從別人身上得到的時間或關注都越來越少。我們成爲哈奇斯爾德口中的「情感的禁慾者」，這麼一來，我們的自我感、我們的完整性都變得搖搖欲墜而空虛荒蕪。我們原本一輩子都會需要的自我客體，就變得越來越成問題；我們越來越難找到有誰願意給我們時間慢慢進行探索與互相認識的工夫。鄰居不相往來，我們沒有時間與朋友見面，我們由他人身上獲得的關注漸漸變得零星，遑論得到充裕的探索時間了。

太多人都苦於這種關注不足。我們越是投入工作，我們的時間就越少，越沒有機會注意彼此的需求。我們在個人生活中缺乏他人的肯定和關心，於是很多人就又把時間投給工作，以避免面對這種關注的貧乏，也省得尋找這種不復存在的關注。如果我們不能在工作以外的體制裡尋找到安全感和長期的情感聯繫（也就是一群會對我們有類似回應的人），那麼我們可能就會轉向職場尋求對於自我客體的滿足。

我相信，很多份針對工作態度所做的研究，也反映了員工在職場裡尋找關注、照顧及情感共鳴的需求。哈德遜研究院（Hudson Institute）在一九九九年發表了一份《員工關係報告標竿》的研究，整理出六項最能決定員工工作承諾度高低的因素如下：一、公平；二、關心員工，設身處地為他們著想；三、對於日常工作的滿意度；四、對員工的信任；五、所任職的企業的聲譽；六、實際的工作和工作資源。很明顯的，工作上的關係，以及公司如何對待員工，似乎比員工實際參與的工作本身還更重要。

蓋洛普民調公司針對一百萬美國工作者所進行的分析調查，更進一步突顯了這一點：

對員工的生產力和忠誠度最具有影響力的變數，不是薪資、津貼、福利或工作環境——根據蓋洛普的調查，最重要的變數是員工與同事、與直屬上司的關係。更明確來說，人希望從主管那邊獲得的東西，基本上跟孩子希望由父母那裡獲得的東西沒有兩樣：他們需要的是，這個人會訂出清楚而一致的期望，會關心他們，會看重他們的特質，會鼓勵與支持他們的成長及發展。換句話說，**職場滿意度的最主要來源是內心的滿足和情感的滿足**。

我諮商過兩百名病人，討論了與他們工作有關的課題，我也同意，「與主管的關係」是那些嫁給了工作的人最常討論的問題，也是最緊張的一種職場關係。布蘭達、萊爾諾、莎拉、葛瑞絲、蜜雪兒，都是因爲這個原因來找我諮商。感覺到「主管對我不關心」是最令人覺得受傷、覺得被背叛的問題，而且不能忍受的不是「不喜歡」，而是「冷漠」；我們最無法忍受我們所敬重的人對我們不理不睬。

假如從「人會渴望得到自我客體」這個角度出發，就可以理解我這些病例的感受。個人很容易在與主管的關係中尋找自我的投射，並且期望能夠從對方那裡得到對於自己能力與價值的肯定。如果我們把主管理想化（例如布蘭達、葛瑞絲、蜜雪兒的情況），我們會因為跟某個被我們賦予了權力和地位的人產生關係，而感覺到自己的生命變豐富了，甚至覺得更有生活的力量，這就像瑪麗安（第二章曾經大略提到）的例子。

案例　瑪麗安被她尊敬的主管責罵

瑪麗安在「費登」（化名）健康醫療公司擔任業務經理，年輕時經歷過創傷。她在童年遭受過性虐待，少女時代遇到性侵害，十五歲染上嚴重毒癮。之後，她完全靠著意志力進入煙毒勒戒所戒除毒癮，然後念大學，並且獨力撫養兩個女兒。瑪麗安顯然是個堅強的女性，不過她在某些方面又非常脆弱，但她自己不願意承認，也不讓別人知道。她渴望由她所崇拜的人身上得到肯定，得到照顧——這是她永遠無法接受自己的地方。她這種對於自我客體的需求，就在瑪麗安的老闆比爾身上獲得戲劇性的強化。

比爾是費登公司的資深副總裁，擔任瑪麗安的主管已有三年了。他常常把公司說成「我們的大家庭」，而瑪麗安覺得這說法既貼切又深得她的共鳴（她對於傷感的家庭生活很有感觸，這一點可以從她喜歡看電影《教父》看出來）。比爾五十八歲，有五個小孩，在瑪麗安心目中是一位高尚正直又公正無私的紳士。瑪麗安在工作上遇到問題時常會聽取比爾的建議。她並不認爲比爾對她特別偏愛，但她認爲比爾的確非常尊重她，對她的評價也非常正面。她如此尊崇比爾，完全相信他的判斷，因此比爾便成了她的「意願執行長」。「只要有他在，你就知道事情都不會有問題。」

三年來，瑪麗安對自己、對未來、對工作的感覺都很不錯；後來，公司來了一位新的營運主管，他改變了業務經理與客戶互動的方式，瑪麗安對此很不高興。她對比爾說了她的擔憂，但比爾不但不聽她這些建議，看起反而有點生氣。瑪麗安好驚訝！比爾原本溫文爾雅的模樣逐漸變了，變得比較挑剔而且尖銳。隨著比爾的態度改變，瑪麗安的工作表現開始受到影響，無法順利執行工作；她變得需要加班把白天因爲精神無法集中而落後的工作給補回來。她越來越常頭痛，也開始看醫生，後來被醫生診斷爲患了大腸躁進症。有一天比爾要求她交出一份報告，但她還沒有完成，她說她覺得自己好像「往下沈，彷彿我這整個人都被帶走了。我看得出來，他認爲我是笨蛋」。

最後，比爾手握瑪麗安前一天交的報告走進她的辦公室。她知道自己的報告寫得不好，但實在很驚訝看到比爾氣得漲紅了臉大罵：「你能勝任這個工作嗎？能嗎？」她告訴我，比爾對她大吼，把報告往她桌上一扔，氣呼呼走開。「就是這樣。我知道事情就是這樣了。完了。」瑪麗安陷入深深的沮喪情緒裡，什麼話都不說，不跟外面聯繫，不抱任何希望。

瑪麗安到底失去了什麼？爲什麼沒辦法講話、沒辦法跟人互動，連跟女兒都不行？爲什麼比爾在態度上的改變，似乎在瑪麗安的存在核心造成影響？

我相信，當她坐在桌前兩眼無神望著被揉成一團的報告時，她心裡想的並不是自己會被開除，不是計算著會少掉多少薪水，也不是如許多當代職場觀察者所認爲的，正感嘆著她未來可供揮灑的能量越來越少。我想，瑪麗安感覺到了一股徹底的失落，因爲與這個被她高度重視、高度需要的自我客體失去了連結而產生的失落感。她跟比爾的關係，讓她獲得人生前所未有的安全感；他了解瑪麗安，平靜而一致地接受了她，認可了她，這讓瑪麗安拼湊起自我，也在某種程度上覺得自己有價值。比爾成爲了瑪麗安渴望已久的自我黏合劑。此外，那個「本公司是個大家庭」的景象，與瑪麗安對於歸屬感的需求，以及她渴望進入某個永續存在的知名企業團體成爲其中一份子的需求，緊緊結合在一起。比爾讓瑪麗安覺得「一切都會沒問題」，在這家公司工作，給了她一個完整的身分認同。

瑪麗安第一次來見我，我就清楚看到了瑪麗安的自我認識完全繞著工作場所打轉。她戴著棒球帽，身穿運動衫和牛仔褲，帽子跟衣服都繡有公司的名字「費登」。聽她用幾乎聽不到的微弱聲音說著她感覺被背叛的失落故事，我冒出一種怪異而不舒服的感覺，覺得我面前這個人像是失去了她的族人，像是來到了地球而跟她的同伴完全失去聯絡的外星人。她仍然穿著她部落的服裝，但她在世間徹底落單。為了喚起她與族人的最後一絲認同感，她仍然穿著「費登」的衣服，向我、也向這世界宣示她還是一個「費登人」。

這種在遇到了背叛仍然辛苦嘗試著要維持個人主體認同的行為，在瑪麗安結束了諮商、要離開我辦公室的最後一個動作中達到頂點：瑪麗安遞了印有「費登」字樣的名片給我。她用緊繃而勉強的聲音低聲說：「這是以前的我。」

瑪麗安的故事，在今日職場不斷上演，只是情節戲劇化的程度不同。

雪倫是一家上市公司的財務長，她來接受心理治療是因為她覺得「太多的自己跟工作綁在一起」。我們幾次會談都是透過電話進行，因為她的工作需要四處出差。後來她告訴我，她覺得自己的價值完全跟著她公司執行長柏尼的心情而變動：「他心情好，我也會覺得心情好；萬一他心情壞，我通常一眼就可以看出來，我也就會覺得心情很差。」了解了這一點，我可以理解，雪倫一旦發現了柏尼不高興，她就會鑽牛角尖，反覆思考自己哪裡做得不對，於是她會花更長的時間工作，把個人生活拋在一旁。

羅威是舊金山一家大型非營利組織的總監，他有一次在接受心理治療的會談中開玩笑說，我們應該爲「在乎過多事情的主管們」辦一個「十二步驟互助團體」。羅威的自我感和價值感完全以他的董事會季會爲依歸。他說他對於董事會的期待實在令他受不了，如果董事們臉上表情是開心而微笑的，他就會「鬆了一口氣，喔，不，不只鬆了一口氣，我會覺得我沒有問題，我這樣的自己是沒有問題的。」但是，萬一董事們看到他時似乎不太愉快，羅威的自我感就會漸漸不見：「交出季報表時，你覺得自己不應該在那裡，你覺得自己是個冒牌貨，而董事們實際上並不需要你。這種感覺你根本無法想像。」

欣希雅是一家地區性大學的終身職教授，有一次一位密友怪她談論太多她系上的事情，這之後，她跑來尋求心理治療。這位朋友警告她：「如果你花那麼多時間談論某個男人，也不會有朋友受得了你。他們會問：『這種傢伙還敢自稱是女性主義份子？』」在與我的第一次會談中，欣希雅就非常清楚自己的動機：「我五十歲了，我知道自己不可能結婚了，我也不可能擁有一個小家庭。因此，我想我是刻意決定要把自己丟到工作環境裡，讓我的系上像一個家庭。我猜，這已經變成我人生的全部了。」儘管欣希雅的著作得到高評價，她與研究所的學生也有良好的關係，同時也跟其他教授處得很好，但她非常害怕自己到了六十五歲就必須退休的這件事。「我很難想像我不去系上開固定週會的日子該怎麼過。」她很無力地說。

欣希雅想從她系上得到自我客體的需求，跟布蘭達對她工作的律師事務所、瑪麗安對她的公司所抱持的心理依賴都很像，不過，欣希雅的朋友都不認爲她有這種情感需求，也不認爲她是個性脆弱的人，這些都被她的教授生涯和終身教職的安全性給掩蓋了。事實上，欣希雅是用她的工作來形成一個對自己的一貫認知。

公司與員工好比露水姻緣

許多人轉向職場來滿足自己對於自我客體的需求，終至嫁給了他們的工作，但大部分的工作都沒有承諾員工要給一個類似欣希雅這種終身教職的機會。公司企業給員工的，好一點的情況是一夫一妻制，糟糕的情況卻只是露水姻緣一場。工作不再是「到死都不分離」，而是「任務完成便解散」。作家華陸利斯（Jerald Wallulis）指出，網路經濟以前的舊經濟是：

> 以「家長模式」爲基礎，因爲只要員工的表現達到公司的期望，它「答應會照顧員工」。但在新契約的環境裡，公司和員工兩造都是成人，都是自己管理自己，雙方是基於彼此的共同利益而定下合作的合約。

對社會上許多人來說，這種新模式可說是一種解放。那些有高度自信、有創意、有能力與意願可以自發工作、沒有太多束縛的人認爲，新經濟提供了家長式舊經濟體制所缺乏的自由度。矽谷的成功故事不斷冒出，這些人都能夠跳出常規進行思考，能進入作家平克（Daniel Pink）所謂的「自由工作者國度」（free agent nation）成爲一員，能夠管理自己，而且似乎不需要別人照顧。

然而，這種新模型沒有觸及許多人的情感面。對於那些轉向職場尋求承諾、穩定感和關懷的人來說，新經濟裡充滿了困惑與背叛。許多人想要在工作中獲得他們在生活裡無法獲得的肯定和價值感，但越來越多的公司需要的是彈性十足又充滿熱忱的員工，並不需要太過長期的忠誠。假如無法接受變革，根本就無法符合應徵條件。

關於這種新經濟的描述，前任美國勞工部部長雷克（Robert Reich）描述得非常貼切。他指出，「在新經濟裡，出頭的唯一方法是促銷你自己……在這種環境裡，你不會因爲得到老闆的喜愛而獲得晉升，你是因爲對自己做了漂亮的行銷包裝才有可能往上爬。」他所謂的「行銷包裝」指的是，不管你位處哪個工作階層，都要把自己當作事業來經營。

管理大師彼德斯（Tom Peters）告訴過美國的員工們：「從今天開始，把你自己當成一個品牌，就像是耐吉、可口可樂、百事可樂或美體小舖。」如果想成功，「最重要的工作是要成爲『你』這個品牌的行銷高手。」彼德斯在近作《打響自己五十招》（*The Brand You 50*）一書裡說得很露骨，要大家把自己轉變成一個「工具性的物件」，接受市場對你職務的安排，受市場的指揮。他這的論點，完全不談人會渴望他人的肯定和接受的這個需求，只強調如何改變自己的需求和角色，以便符合現代新經濟的需求。這種論點假設人人都可以對工作付出完全的承諾與熱情，並且將來可以瀟灑地跟工作說再見，不留下一片雲彩。這，是爲了新經濟而設計的、經過重新包裝的〈完型禱詞〉。

此處的基礎在於「變革」。雷克在雜誌《高速企業》（*Fast Company*）的專題報導「你的工作已經變了」指出，「變革本身，改變了一切事物的速度、步伐、類型和目的。平衡狀態已經轉移了……公司若不能在新經濟環境中改變，將無法存活於這片新戰場。」現在我們需要的人，是能夠接受、運用並推動在組織裡進行變革的「變革起義者」（change insurgent）。「這些變革起義者必須不斷改變組織的基本形式，把能量集中於不斷的變革行動。」「今日的變革，代表公司需要一些勇於『吐槽』的人，而不是拍馬屁的人。」最糟糕的員工特質乃是抗拒變革。事實上，雷克堅信，公司要能偵測出誰是反變革的員工，同時整理出這一類員工可能會說的話，例如：「回到基本面吧」、「那個方法以前是有效的」、「那數字是行不通的」、「那看起來風險太高了」等等。如果員工說了這類的話，公司就要用新的理念來爲他洗腦，讓他認識到，變革才是一切進步的原動力，變革是好的。

不過，雷克也指出最重要的一點：「遊戲的玩法不一樣了，抗拒變革的人若不肯用新的遊戲規則加入新經濟，就另謀出路吧。」

新經濟的變革起義者，他們的規則裡沒有重視歷史、忠誠度、反省思考、尊重別人意見等等條文。對他們來說，這些特性既落伍又有害於變革的成效，若還重視那些老東西，代表了還停留在舊經濟時代的思惟裡。

所以我想，萊爾諾在許多方面都被看成一個過時的人。他四十五歲，在公司做了二十七年，對於自己的悠久年資感到自豪，以爲自己能夠延續公司的經驗並指導同事們過去公司怎麼做事，這將會爲他贏得尊敬。不過，他告訴我，只要他開始「講古」，尤其是對他新任的三十歲主管說起時，對方都會說「以前是以前，現在是現在」，或是「謝謝你告訴我們這些」，然後就繼續談下去，不再留意他的話。萊爾諾想不透，爲什麼他多年累積的知識，他對於公司文化歷史的掌握，竟然完全不受重視。毫無疑問的，萊爾諾在一九七三年加入公司時與公司所簽的那份無形合約已經變了，現在的環境跟過去不一樣了，已經不談什麼跟著公司成長、員工表現良好就會受到照顧、年資越久就能晉升之類的了。他沒有得到資深員工應有的尊重，反而被認爲是落伍而尾大不掉的累贅。

萊爾諾對我談到了他的團隊正在討論減少辦公室和隔間，好讓工作流程更順暢。我從他這番談話裡明顯看出他是多麼強烈地在抗拒變革。顯然萊爾諾告訴大家，這種想法「在這裡行不通，大家都喜歡擁有自己的空間，也希望爭取到更好的位置」。他這種抓住傳統而不願意接受改變的話語，只會更讓同事認爲他是一個沒救的負擔，但萊爾諾就是沒法理解爲什麼要減少辦公室，而這確實讓他感覺到「也許事情已經一路變化，我是眞的沒辦法待下去了」。

我忽然覺得，萊爾諾這種無法理解、這種覺得自己跟不上職場改變的感覺，是非常值得深入探究的課題。後來的病例，吉姆，也談到了辦公空間對他的情緒造成了影響。

開放工作空間的人際關係問題

吉姆所工作的廣告公司在舊金山，他們的辦公室是由一個舊倉庫改裝的，內部整片空曠，完全沒有牆面分隔，從總裁到接待小妹，所有人都在同一片開放空間裡工作——沒錯，這種辦公空間的運用法正是一種新的趨勢，知名作家葛雷威（Malcolm Gladwell）提到：

在整個八〇年代和九〇年代初期，美國企業界盛行採用設計師所謂的「統一隔間」，把公司切割成一列一列規格相同的隔間……今天大家不再喜歡這種規劃了……參觀過矽谷的科技公司、紐約的媒體公司或任何自詡爲新經濟先鋒的公司之後，你會發現，隱蔽的私人空間不見了，取而代之的是人進人出的公共空間，各工作區之間沒有分隔，主管與新人排排坐。

對許多人來說，這種改變代表著民主精神的體現，摒棄了過去企業組織所賴以形成的階級與特權。從許多方面看來似乎眞的是如此，但是，從心理學與情感需求的角度來說，這個做法並不是不必付出代價。沒有了牆壁，所有人的一舉一動都會被其他人看到，被你的主管和屬下看到。每天都要在這樣的空間裡度過八、十甚至十二個鐘頭，需要有相當程度的自我管理和情緒控制，在遇到了工作挫折時尤其辛苦。吉姆在頭幾次的諮商中告訴我：

「我從來沒喜歡過這種空間規劃。我很疲倦的時候，稍微卸下防衛心的時候，或想趴一下打個盹，都很難。痛苦。眞的很痛苦……沒有地方釋放壓力，公司只有兩間洗手間，你又不能太常去洗手間，因爲大家看得到你的一舉一動。」

吉姆的老闆就是這家公司的總裁，他告訴吉姆，客戶不滿意吉姆所負責的一個廣告。說這些話的時候，老闆是坐在自己座位上的——而總裁的桌子就在他們辦公室的正中央。這些指責，因爲說話的地點而使吉姆更加沒面子，感覺當衆受辱：

「那像是在大庭廣衆之下被處以私刑。他沒有很大聲，但我知道大家都知道發生了什麼事。我是說，你在一個環境中工作那麼久了，別人不需要聽到你說什麼就能解讀你發生了什麼事……在這種事之後，你應該可以走進一間辦公室，關起門來大哭一場或大吼大叫一番。但現在我必須像電影裡賈利古柏那種冷面英雄一樣若無其事走回座位，假裝沒事。我是男人，我可以承擔這一切，但我內心眞是想躲進一顆球裡，死了算了。」

那種「公開行刑」的感覺讓吉姆非常難過沮喪，並且引導他重新評估他的人生。此外，那種日復一日的自我監督，以及感覺像在一個透明監獄裡工作的情況，也不斷磨蝕著吉姆心裡最後一塊保留地。「我每天都要給自己上緊發條才能踏進辦公室，因爲我認爲自己必須時時刻刻馬力全開，因爲每一個人都看得到你的表現……這讓我更難思考自己是誰，自己眞正的感覺是什麼，應該怎麼做才對。」

吉姆的困境，讓我們更看到，工作空間不採用隔牆、工作場所的監督程度提高引發了怎樣的人際關係問題。政治學者普曼指出：「根據美國管理協會一九九九年的調查，有三分之二的雇主會記錄員工的語音信箱、電子郵件或電話，會檢查他們的電腦檔案或進行錄影。這樣的監督越來越普遍。對於公共審議（public deliberation）和個人穩定感（private solidarity）來說，言論的自由和個人隱私權是非常重要的，但這兩者在職場上都成了問號。」不管辦公桌座位的安排有多麼「民主」，員工卻在個人隱私、內心感受和不受他人注視——那些有權掌控你的工作時間、薪水、職位並炒你魷魚的人——的權利方面很沒有安全感。

因此，假如想要在新經濟裡面覓得一席之地，人的情感需求也許就變成了一場夢，到頭來只會落空。公司要求我們要熱情工作，要盡心盡力——但只需要投入短時間就好，我們不該擔心主管或同事對我們眞正的看法是什麼，只要注意自己有沒有運用最好的行銷手法來推銷自己，爲將來的工作機會鋪路。我們必須拋開我們對於未來的不確定感，只想著冒風險和變革可以帶來的好處；我們不能再與過去糾纏不清，多所眷戀，以免被視爲公司的絆腳石；我們必須能屈能伸、充滿幹勁與自信，並且看到別人的全貌——但這些「別人」並不會給我們足夠的時間與關注來讓我們顯現自己的內在。我們越來越把同事當成終將成爲過客的觀衆，在他們面前行銷著這個名爲**自己**的品牌。

竟然沒有人關心……

前勞工部長雷克說過：「假如個性都可以拿來銷售了，所有的人際關係也就都變成了商業交易。」

由新經濟引發的心理預期，對於不同產業造成影響的速度不盡相同。顯然的，引領著變革的是那些高科技、生物科技和媒體產業。但我認爲，這種相當新的對待工作的態度，已經滲入了文化層面，形成了基本文化概念，影響遍及各行各業。

這種對於工作文化的基本假設，對於我大部分的病人來說，都是在經歷了工作上的失敗（裁員或是背叛）之後才體驗到的。他們試著面對，但發現不僅看到了老闆的不屑，也在求助於家庭、朋友和專業人士時碰了一鼻子灰。這種冷漠，在我們社會中俯拾皆是。

我每一位病人在被雇主或主管棄之不顧以後，都深深覺得被背叛了，受到傷害了；這樣的創傷，又因爲公司沒有一個人理解到究竟發生了什麼事、「沒有人在乎」，而更爲惡化。原本在心中佔有重要位置的公司，突然成了一個冷漠的組織；但我這些病人們不久前還說公司裡「大家就像一家人」，擁有一群志同道合的同事，多麼諷刺啊！這些病人發現自己陷入一種無法理解的矛盾裡。「我要說的話應該是很重要的」、「這地方就像我的家一樣」、「我以爲他們會很在乎的」——可惜，事實並不是這樣。突然間，主管或組織本身原本代表的理想化自我客體，看來不再在乎或關心了；突然間，工作場所提供的支撐功能劃下了休止符。原本把自我黏合在一起的必要黏合劑就此溶解，生活原有的穩固突然成爲一場空。

每一位病人都感受到可怕的寂寞和孤單。某些個案（葛瑞絲、吉姆、蜜雪兒）根本想不出自己能找誰談自己在工作上遇到的問題；有的病人（布蘭達、露芭、莎拉、瑪麗安，後兩人的程度較輕微）有家人及朋友可以傾吐。但不管有沒有家人或朋友，病人們都告訴我，周遭沒有人能夠感同身受，都不懂他們爲什麼會如此沮喪，因此他們的受創感就更嚴重了。

對他們打擊最大的，要算是醫生和心理治療師的冷淡和懷疑。醫生和心理治療師往往把工作生活視爲次要，而把家庭、感情放在第一位，因此通常會指導病人盡快回到職場，要不然就勸他們換個新工作，卻沒有察覺到這些病人已經對某個工作、主管或公司投注了過多的情感。沒有人會在病人離婚後催他趕快找個新老婆，但許多醫療專業人士竟然認爲，這個工作和那個工作、這個環境和那個環境還不都一樣，它們是可以互相取代的。

吉姆在第二次前來諮商時談到，他一告訴他的內科醫師說他因爲工作而感到沮喪，這位醫師的反應大大出乎他的意料：「他馬上告訴我，我不應該被一個工作打倒。他說，外面有一百萬個工作機會在等著我這樣的年輕人，也許我休個假就會好。然後他就跟我講他的非洲狩獵之旅。」

瑪麗安在她與老闆的關係變冷淡的過程中，也看過醫生好幾次。當她對醫師訴說自己在工作上所經歷的壓力，她的醫師告訴她：「現在有哪個工作的壓力不大？你要想辦法接受這種壓力，想辦法適應它。」瑪麗安在比爾對她大吼、感覺自己的人生完蛋的時候，又去看了這位醫師一次。這位醫生發現瑪麗安的確出現了憂鬱症狀，就把瑪麗安轉介給另外一位精神科醫師，但那人顯然也沒有抓住重點。

瑪麗安對我說：「我覺得這傢伙是好人，但他一直說他不敢相信我會因爲一個小小的工作就變得這麼沮喪。他說我一定是因爲單身，或是因爲小孩逐漸長大就要離開家而感到沮喪。我心裡想，『天啊，這麼說來，我眞的是神經病。』」

莎拉來我這裡之前，先看過別的治療師，那是公司的人力資源部推薦的諮商師：「她對我一點幫助也沒有。她跟我一樣搞不清楚人力點公司，因此認爲我的氣憤根本沒道理。我去了兩次，覺得自己變更糟，因爲她讓我覺得問題在於『我』，錯的人是我。」

這些治療師沒有敏銳掌握到病人覺得在情感上「被蹂躪」了，這顯然是因爲臨床心理學對於職場關係的研究至今仍然貧乏。就這一點來說，佛洛伊德在二十世紀所說的一段話，到現在都沒有太大改變：

> 工作並沒有被視爲通往快樂的重要途徑之一。人們沒有像追求其他能帶來滿足的事物那般的拼命工作。大部分的人去工作是因爲他們不得不工作，而這種天生的對於工作的嫌惡，乃是嚴重至極的社會問題。

當「工作」出現在臨床研究個案裡的時候，總被當作是人在體驗「眞正的」情感生活（家庭、愛情）的種種起伏變化時的背景罷了。然而，我們醒著的大部分時間都獻給了工作，還對它投注了大量的情感，但這在臨床心理學的思考裡是看不出來的。極少數的臨床工作者會以「工作」爲課題而寫出著作，其中一位是艾克塞羅德（Steven Axelrod），他提到，心理治療師「太快就把焦點從工作生活的內涵轉向早期發展或移情作用，因此技巧地略過了病人在工作生活中的諸多豐富線索而不談。」作家貝爾斯基（Vince Bielski）也說：「大家對於工作議題不以爲意，這並不令人意外。因爲，在管理式照護（managed care）的時代，工作和認同的問題往往也是治療師自己生活的重要課題。治療師沒有看到病人身上的這些問題，因爲他們也沒有看到自己身上的問題。」

假如醫師或治療師認爲病人的職場遭遇是他們小題大作，病人們更會覺得一定是自己有問題：「天啊，我眞的是神經病。」病人們會覺得，這表示一個健康、成熟而理性的人絕不會像他們這樣子嚴重受到工作的影響。這種感覺會增加他們的孤立感，覺得自己應該躲到角落獨自面對空虛和失落，若把眞實的感受公開講出來，只會讓自己丟臉並且招致羞辱：連專業權威都不能理解了，那就一定是自己反應過度、不夠成熟、心理有問題。如果眞的是「哪個工作沒有壓力」，而「外面有幾百萬個工作」可以挑，那麼病人就會覺得問題是出在自己。

無法表達，只好對自己生氣

並不只是專業人士會覺得責任都在個人，失敗都是因爲個人的問題——我們這整個社會都這樣想。我們完全找不到辭彙來談在工作上所遭遇的被背叛感與失落感。我們的社會鼓勵大家工作過度，視此爲成功、心理健康和有所成就。然而，一旦最後我們覺得必須離開或被迫離開工作的時候，突然間工作變得一文不值，在情感上完全失去了重量。一時的憤怒、不悅或痛苦都還好，但怎麼可以到覺得天塌下來、無盡空虛或情緒崩潰的地步？如果這種感覺延續幾星期或幾個月，就會被認爲不理性或情緒不穩定。我們在新世紀的任務不是要把一切投注工作，讓工作變成個人的一部分嗎？工作如果出了差錯就拍拍屁股走人，不需要回頭多看一眼。如果我們沒辦法控制自己的情感和情緒，只能怪自己能力不足，不是嗎？

作家森耐特曾寫道：

今天，維多利亞式的個人責任價值觀仍然屹立不搖，而且與一百年前同樣強烈，然而其體制性的內涵已經有所改變。鐵籠已經拆除，每個個體走上了一個看似空盪盪的競技場，掙扎著尋找安全感和連貫性。就像在福利國家所發生的情形一樣，工作中已然失去了體制性的支持，這使得個人只剩下責任感而已。維多利亞時代的精神特質在今日留下了負面的軌跡，徒留屢屢受挫的意志、無法藉由工作而形成一個完整的生活……這種個人責任感使然，工作者便把憤怒的對象從經濟性的體制轉移成了自己。

由於幾乎沒有了社會體制的支持，在工作以外又感受不到穩定的安全感，因此工作上的失敗會讓人覺得恐怖莫名。又因爲我們只有「個人責任」這類的詞彙來描述這種失敗感，於是我們到最後只剩下徹底的孤獨感，並把所有的過錯怪到自己身上。

相較之下，在遇到了親密關係終止或是在經歷離婚的時候，我們可以得到非常多的資源和高度發展的詞彙的協助。我們去找的每一個人都對我們寄予同情：專業人士會提醒我們，離婚的復原期平均需要兩年的時間；心靈成長書籍、雜誌、脫口秀和週末研習營等等各式方法都想協助我們處理失落感、自責和身分認同危機；我們用「男人來自火星，女人來自金星」、「兩性必須互相依賴」、「愛太多會不幸福」這類的詞彙來描述自己的遭遇；我們參加各種爲「不具名情感依賴症者協會」或「性愛成癮團」所提供的治療團體；我們循著預先規劃好的步驟一步一步處理我們的哀痛，讓周圍的人發現並了解我們的感情轉移。我們可能會覺得自己失敗了，但這失敗可以在社會和文化層面得到理解。知道了有一半的婚姻都會以離婚收場，我們覺得安慰，原來自己並不孤獨。

這些豐富的意涵與辭彙，在我們所「離婚」的對象是工作而非配偶的時候，是完全不存在的。就是因爲這樣，我的病人會覺得，自己的丟臉感或失敗感是不可能消失的了；被工作放逐了的他們，常常使用例如墜入深淵、一片茫然空洞之類的語言。他們沒有詞語可以描述自己的遭遇，也沒有人完全懂他們；家庭或社會的回應並沒有提供認同。他們只好透過身體症狀來表達，或是重複說著「我以爲他們會關心」、「我知道我完蛋了」、「我無處可去」這類的悲嘆。他們是一群情感的游牧民族，沒辦法爲他們的經驗找到一個家，找到一個得到社會許可的脈絡來想辦法讓別人理解自己的感受。

因此，新世紀所面臨的這個存在於工作領域的情感課題，是過去很少被察覺或接受但今日必須面對的情感課題。在這個越來越多人轉往工作裡尋找滿足自我客體的需求的時候，我們被要求要繼續工作、全力工作、熱情工作，但只要在短期裡這樣做就好。隨著環境裡的社會構造逐漸磨損，我們與別人的連結逐漸碎裂零散而短暫即逝，這時候我們被要求要當一個帶動變革的人，接受職場上的持續變化，並且將此視爲生活方式。我們被迫避開對於安全感的追求，而展臂歡迎無盡的彈性和風險。如果在工作上遭遇失敗，我們要馬上起身，繼續往前移動，一心謹記著唯有不斷行銷自我才是生存之道。

面對這些龐然而令人心生驚恐的變化，我們知不知道到底是什麼因素使得我們繼續深深受到工作的吸引？我們是如何被誘惑去與工作結婚，結婚，再結婚的呢？蜜雪兒在進出口貿易公司的經驗不堪回首，心理治療才進行了幾個月，她爲什麼馬上又讓自己嫁給了另外一個工作？

想要回答上述問題，不能只看人們攜帶了哪些情感需求來到職場，我們也必須檢視今日的公司到底是提供了人們什麼，竟可以使得它看起來如此魅力十足。我們必須深入觀察今日的工作環境，看看它們如何被設計成不單單只是工作的地方，卻設計成可以讓人度過人生的所在——因爲，正是在未被滿足的內心需求和公司利益這兩者相遇之處，確立了你與工作的婚姻。

4 工作人的解放與迷失

新經濟與舊經濟的差異，好比雞蛋與培根。舊經濟是雞，只需要參與其中；新經濟則是豬，必須全身奉獻。

流傳於矽谷的至理名言

美國的職場經歷了一場劇變。在九〇年代，企業全心接受了可以讓職場看起來更具情感吸引力的管理制度。如財經雜誌《財星》（*Fortune*）二〇〇〇年所報導的：「新的職場不只是工作的地方，也是生活的地方。」爲了吸引員工、留住員工，美國企業比其他社會團體（宗教組織、政治團體、同業公會、義工組織等等）更能準確掌握人心裡未被滿足的情感需求。工作場所取代了社區和家庭的功用，讓人們得以藉由工作，投入一個比個體更大且值得敬重的強大組織，或是藉此進入一個創意十足但組織鬆散的團體，例如蘋果電腦公司。企業與公司提供了更多的福利設施，組織看來也比過去更爲平等而民主，也越來越強調公司**文化**。

現在的企業管理有一個基本假設：凡是優秀的企業，都擁有堅實的文化。作者狄爾（Terrence Deal）與甘乃狄（Allan Kennedy）在共同撰寫的《新企業文化》（*The New Corporate Cultures*）一書中提出：

> 一個完整的企業組織裡的文化，有責任提出一個富有深度而歷久不衰的共同目的。這文化能否堅實，有賴於在員工互相合作與共同學習的過程裡，建立起一片統一的文化之毯；這片文化之毯，藉助於一套環環相扣的文化元素而形成：歷史會產生價值觀；價值觀創造出焦點並塑造行爲；而英雄人物就是核心價值觀與信念的化身。各種典禮與儀式誇示了價值觀，並且喚起集體精神。各式的典故則把英雄行動加以廣泛傳播，不僅強化了核心價值，也爲公司活動增加了有趣的素材。

留住最有價值的資產

理想中，企業應該要用共同的價值觀和目的把員工裹住，讓員工獲得一個認同，並且透過職場的儀式把執行長或創辦人塑造成英雄人物。

共同撰寫了《財星》的「最適合工作的一百家企業」年度專題報導的李文林（Robert Levering）和莫斯寇維茲（Milton Moskowitz）指出：「一百年前，最有價值的美國企業是美國鋼鐵公司，其主要資產爲有煙囪的工廠；今天，最有價值的企業是微軟，其最重要的資產每天晚上要下班回家。」

爲了留住員工，爲了鞭策今日這些「最有價值的資產」的表現，企業不但想辦法滿足了員工對於薪水的需求，也想辦法提供他們在情感上的歸屬感。狄爾和甘乃狄兩人進一步認爲：

> 文化對於工作績效的高低扮演了明顯的要角……一旦員工被工作佔據，成爲公司財產之後，他們會更加賣力，準時上班，必要時通宵趕工，並且自豪於公司的產品及

服務。他們會非常忠誠，願意奉獻，並且既在乎個人工作生涯又重視公司整體利益。看到事情必須改變時，他們會站出來發言，不會只是簽字了事。他們不只貢獻出雙手，還把**腦袋和心**都投入公司了。

說到了打造一個能喚起員工情感的公司文化，今日多位明星管理者的管理哲學都大大推崇員工忠誠度。星巴克咖啡（Starbucks）的執行長舒茲（Howard Schultz）說過，如果「人們都能時時把自己跟他所工作的公司連在一起，如果他們對公司有感情並且被公司的夢想打動，他們就會傾全力把工作做得更好」。西南航空（Southwest Airlines）的執行長凱勒赫（Herb Kelleher）也說：「文化是公司的重大財產，你必須對此投注最大最多的努力。」他身體力行，公開對員工說他愛他們，並強調西南航空是「用愛打造而成的航空公司」。

在這些強調「感情」和「愛」的企業文化裡，組織層級是扁平的，中階經理人人數較少，找到副總裁和執行長不是難事，不計較繁文縟節，比較強調團隊合作和透明化作風。董事長總經理這些頭頭們常常走出辦公小隔間，跟助理們一樣穿著T恤牛仔褲。他們可能會全員參加公司的啤酒大賽，一起在公司的球隊裡玩得不亦樂乎。員工多半是依照能力被分派到不同的團隊中執行短期專案。此外，越來越多的公司會把決策和財務狀況公佈在內部網路，員工可以自行了解；過去只有少數人才能知道的資訊，現在可以對全公司說明。

在九〇年代最先進的新式企業環境裡，員工享有了十年前所無法想像的好處。在《財星》的「最適合工作的一百家企業」專題報導中指出，這些企業普遍都設有幼稚園、提供免費食物、每週舉行聚會，甚至提供了可以帶回家的餐點、學費補助、功能健全的健身房總館服務（提供訂花、洗衣、訂票、宴會、外燴等各式服務），並安排了各式心靈團體、公司搖滾樂團、可支薪的義工休假日或休假年，或在公司裡面設店鋪，還有前往熱帶小島的公司旅遊。

童裝公司「金寶瑞」（Gymboree）在矽谷的總公司設計了員工休息室，員工可以在裡面玩跳房子。位於北卡羅萊納州的軟體製造商SAS，在公司裡設有健康中心，並有內科醫師及牙醫師進駐。專門出版保健養生與健美書籍的洛德出版公司（Rodale），撥了一小塊土地讓員工養花蒔草。豐田汽車位於佛羅里達州的通路商，JM家庭實業（JM Family

Enterprise），免費提供員工剪髮及修指甲的服務。休士頓的ＢＭＣ軟體公司有洗車服務。位於加州帕拉阿圖的昇陽公司（Sun Microsystems）提供了讓員工休息及冥想的「昇陽地」（SunSpot），以及打桌球、彈鋼珠、籃球的「昇陽室」（SunRooms）。

前面提到的蜜雪兒，她新公司的企業文化強調的是「工作要有樂趣」，在這裡，各種便利設施和團隊合作的氣氛，一下子就迷住了迫切渴求情感依賴的她。她看到自己主管薛碧在這種文化下認眞工作、痛快玩樂，對薛碧簡直產生了近乎宗教崇拜般的熱情。她希望自己能被薛碧接受，並變成像薛碧一樣的人。蜜雪兒的新東家給了她一個認同，又提供一種玩樂般輕鬆的環境氣氛。三層樓高的滑梯、星期五的啤酒大賽、免費的食物——她覺得被照顧得無微不至；還有乾洗服務和總管服務——她覺得受寵若驚。她的工作團隊接受她，喜歡她所烤的餅乾，這等於是一群現成的朋友，而且他們看起來比她自己的家人還要體貼。有了這一切的寵愛，蜜雪兒就變成了一頭「豬——全身奉獻」。

新經濟時代的工作模式，與主宰二十世紀大多數年頭的工作模式有何不同，一份以現今工作世界爲探討主題的雜誌《企業２・０》（*Business 2.0*）列出了一份扼要的對照表：

以前	**現在**
安全	機會
不牽涉到感情	完全投入，高度承諾
階層與層級	人人平等
工作跟樂趣不可混爲一談	寵我吧
只是一份工作罷了	工作遠遠不只是工作

對於許多美國人來說，這種新式作風是一種解放、也是一種挑戰，刺激無比。對自己充滿把握而獨立自主的個體，可以在這種環境下盡情發揮、運用創意，並且在工作上獲得更多的樂趣。在《高速企業》、介紹IT和創投世界的《Red Herring》和《企業2・0》等的財經雜誌裡，持續報導著新經濟時代的成功故事，不斷爲各種在新經濟裡成功的故事歡呼，報導誰誰誰又運用新工作觀達成了驚人的成就云云。然而，這些雜誌從來不報導誰在新經濟時代裡迷失了自我，但這些人明明是全心擁抱公司的文化、價值和共同目標的忠誠員工，他們完全相信新式工作觀，**完全投入**，以爲**人人平等**，絕對不苟同

「還不就只是一份工作」這種舊觀念。他們徹底把全部的自己投入了新經濟裡，以致於連「自己是誰」都要依賴工作來決定。

看到新經濟這樣強調全心投入，這樣成爲家庭的替代品，我相信，新式工作觀之下的職場，確實比傳統工作更能觸及人心深處未被滿足的情感需求。如果工作僅僅只是一份工作，不摻入感情成分、充滿官僚作風與層級概念，做起來又不好玩，那麼員工確實很難產生歸屬感，很難得到被肯定和有價值的感覺，很難認同公司所倡導的「勇氣」、「集體精神」、「共同利益」、「夢想」和「使命感」。值此家庭、社區和公民生活日漸衰頹的時代，新經濟的職場拋出了一條救生繩索，在其他地方都找不到安全感的變遷世界裡，成爲了情感的避風港。

案例 泰芮把工作當成了家

泰芮在二〇〇〇年年初開始來上我的團體治療課程。她那時三十二歲，體重明顯過重，鼻子上穿了鼻環，前臂刺了一朵花的刺青。她非常合群，也很容易親近。泰芮是獨生女，她在中部加州長大，完成高中學業。泰芮的媽媽是在未成年的年紀就生下了她，以前「很年輕，生活狂放不羈」，因此泰芮的童年大部分是輪流寄宿在幾個親戚家。她說，這些親戚都很善良也都願意接納她，但她仍然覺得自己不屬於這些地方，覺得自己像是個外人。泰芮在學校沒有花多少時間唸書，倒是投注心力在她的衆多男生女生朋友身上。她是班上的搗蛋大王，出了名的愛湊熱鬧。

高中畢業之後，泰芮在阿姨的朋友在自家開設的家庭式托兒中心找到一份工作。她非常喜歡這份工作，也發現自己對於照顧小孩子很有一套。幾年下來，她每天在托兒中心工作八到十個小時，下班後則與朋友相聚。她過得非常愜意；一直到後來她許多朋友紛紛結了婚、而她的信用卡負債變成了負擔，這時生活起了變化。泰芮一直單身，所以開始面對必須獨處的晚上，也開始擔心錢的問題。她的時薪是八塊半美金，但不管她再怎麼節省，薪水都無法跟上她的支出。泰芮非常不情願，但不得不承認她得找一個薪水較高的工作，也必須重新開拓社交圈。經過了幾個月的應徵與面試，她被聖荷西一家企業雇用。

這家辛克萊電腦系統公司設立了員工托兒中心，設備齊全而新穎，可以容納三十五個小朋友。在這裡，泰芮的鐘點薪資是美金十三塊半，這讓她的薪水大幅增加；同時，她就此進入了一個過去從不知道的企業世界。她上班的第一個星期只是接受新人訓練，聽著對於公司和附設托兒中心（大家稱這個托兒中心爲「凱西」）的介紹。新老闆一派新式作風，以凱西爲範例，藉此宣揚公司是多麼關心員工、多麼爲員工著想。

新上任的托兒中心主任瑪格麗特，以前在附近學區的學校當過特殊教育方面的行政人員。新職位顯然讓她大感驕傲，她對凱西的遠景充滿熱忱和活力。她在對新進員工進行新人訓練時，似乎期望員工們要樂於奉獻、願意付出心力和時間。泰芮對我說，瑪格麗特希望他們相信，他們不只是在做一份工作，而是「孩子至上」新紀元裡的一員。

泰芮發現自己不但同意瑪格麗特的說法，也一心一意想要讓凱西成功。當瑪格麗特詢問誰願意主持各種訓練、特殊活動、父母之夜和員工聚餐等等事宜，泰芮迫不及待說她願意。她對我說：「不知怎的，這種孩子至上的訴求很能打動我。我眞的很想加入。我希望這眞的能夠成功。」

泰芮變成瑪格麗特的第一助手，並深入看到她主管對於這家托兒中心的遠景。瑪格麗特認爲，托兒中心的員工應該要扮演起受托兒童的家人角色，彼此之間也要像是一家人。瑪格麗特常向員工談到這種家庭生活，於是泰芮常常想起她自己的家在她生命中所扮演的角色（或造成的缺口）。爲了要來凱西托兒中心上班，泰芮搬到了公司附近，與親戚來往的次數就變少了。而因爲她大部分的朋友都結婚、有了小孩，泰芮跟她們碰面的次數也少了。在生命中，她第一次感覺到自己是孤獨的，因此她刻意把心思轉到工作上，藉此填補她的空虛感。

從她來參加團體治療的第一天，泰芮便清楚而具體地談到了自己在工作中所投注的感情。她說自己搬到了一個有兩房的公寓，與另外一位女性分租，但彼此沒有什麼交集。爲了這份工作，她搬到人生地不熟的聖荷西，這也讓她感到孤單，與外界沒有關係。既然沒有其他事情可關注，於是她把大部分的心力投注在托兒中心，把這裡塑造成孩子和她自己的另外一個家——這也正是她老闆所希望的。泰芮和瑪格麗特兩人，慢慢把凱西托兒中心變得越來越像一個家，她們也同樣希望其他員工對這個家付出。

瑪格麗特最喜歡在下午五點到七點之間開會，大家一起邊吃晚餐邊討論事情。其中有些員工因爲是單親母親，下班後得趕快回家照顧小孩，因此表示拒絕這種安排；這時泰芮便會大聲糾正，爲瑪格麗特的決策辯護，這使得她在同事圈中漸漸被疏遠。後來又一次，泰芮附議瑪格麗特的意見，認爲他們需要參加辛克萊公司的年度假日宴會，這時事情達到了高峰：托兒中心的好些個員工覺得自己與辛克萊公司的高科技企業文化格格不入，不喜歡那些人的高傲態度和嚇死人的高薪；還有，托兒中心位於公司總部對面的一幢獨立建築裡，與總部隔著馬路，這讓他們覺得與公司是兩個世界。他們覺得自己在公司宴會上的感覺並不舒服；但瑪格麗特和泰芮認爲，其他人這種想法簡直是對辛克萊公司「大家庭」的一種背叛，也覺得是對個人的一種侮辱。

同事們漸漸抱怨起工作太多，抱怨公司的虛假企業文化，抱怨瑪格麗特太過熱切的領導模式。這時，泰芮發現自己更會護衛公司的立場，更激烈地主張「凱西該是個大家庭」。泰芮對我說：「如果你問那時候的我，我會說這是全世界最棒的工作。我喜歡小孩，也喜歡瑪格麗特，老實說，我也愛辛克萊公司。」

幾個月過去，泰芮說她不工作的時候很容易覺得焦慮和沮喪。週末時光對她是種折磨，因爲她無事可做、沒有朋友見面聊天。她與老家的親戚朋友完全失去聯絡，也找不到方法跟聖荷西這邊的人建立關係；她想不出自己可以在哪裡結交到志同道合的朋友。因此，她把全副心力用來規劃托兒中心的各種社交活動，投入的程度之狂烈，同事們覺得很難理解。泰芮說，看到她自己這樣規劃著如何改善與家長的關係、如何讓孩子們在托兒中心獲得更充實的收穫、如何重新建立同事們大家的向心力，連瑪格麗特都開始受不了她的熱忱。

一九九九年十一月，瑪格麗特和泰芮想到一個點子：她們打算在除夕當天開放托兒中心，當作給辛克萊員工的一項禮物。瑪格麗特向管理階層提出了這個想法，上面對她稱讚有加，叫她就這樣進行。沒多久，泰芮收到人力資源總監發出的一封信，稱讚她對於凱西和「辛克萊大家庭」的投入，還送了她三百美元的百貨公司禮券，讓她「這一年有個難忘的假期」。泰芮對於這項肯定自是無比開心。

於是，瑪格麗特和泰芮開始規劃除夕夜的活動了：她們要買禮物送給每一位在除夕當天把孩子送來托兒中心的父母；她們要舉辦一個特別的Ｙ２Ｋ派對；要盛裝打扮；要審慎選擇一起參與這個盛會的員工。因此，當瑪格麗特在內部會議上提出了這個計畫時，泰芮對於其他同事的反應大感震驚。「我眞的認爲大家都會想要參與這件事情才對，這點子聽起來應該非常好玩；可是她們聽到說不會支付加班費給她們時，竟然沒有人要來。他們的反應好像我們是神經病。」

在那次會議之後，泰芮開始反省自己的人生。「那天我回到家，第一次感覺到自己好可悲。我沒有怪同事們對這件事漠不關心，而是開始想著，也許是因爲我自己吧。也許是我出了問題，而不是他們。」她越想就越沮喪，開始大睡大吃。但這還不是最糟的狀況。期盼多時的除夕到來的那天，她的心情壞到了最低點。「那一天幾乎爆滿，還有人排在候補名單上。爸爸媽媽們都玩得非常開心。晚上剛開始時我還覺得非常棒，但接近午夜孩子們都睡著以後，我的心不斷往下沈。」

在接下來的幾個星期，泰芮幾乎沒有辦法下床。她說，她看到了原來自己完全沒有屬於自己的人生、原來自己想把凱西變成她的家。看清事實之後，她大受打擊。後來沒多久，她就到我這裡參加心理治療團體。

泰芮來參加治療團體對於我來說是莫大的幫助，因爲她可以用語言把發生在她身上的事實講出來，但大部分遭遇了相同經歷的女性做不到。她說她用工作場所取代了家庭，這種行爲受到了她直屬主管和公司的支持與鼓勵。她說她的情感投入、盡忠職守、長時工作，使得她堪稱爲新經濟世代的模範員工。但，這一切最終成爲了她的孤寂感和沮喪感的源頭。

在同事裡面找家人

凱慈在〈你所知道的工作時代已成往事〉一文中說，隨著家庭生活的式微，新經濟把「企業視爲『家』的代名詞……同事現在也成了家人；朋友就是同事；社區就是員工會議。」

那些大聲叫企業建立起文化的管理理論裡面，和緩一點的做法，也促成了員工把公司當成了虛構的家；至於積極的做法，則刻意運用「家」這樣的詞彙和形象來鞏固公司文化、激發忠誠和付出，以求提升生產力。威名百貨（Wal-Mart）明顯運用了「家庭」來維繫公司的發展，並且以此對抗工會。位於威斯康辛的一家威名百貨分店，最近面臨了員工想加入工會的壓力，他們播放了一段反工會的錄影帶給「夥伴們」（威名百貨把員工稱爲「夥伴」）看，公司經理大聲哭喊懇請大家不要「爲威名這個大家庭帶來第三者」。在一場主要是「爲威名歡呼」的員工會議之後，這些「夥伴們」搖頭拒絕了工會。

全球最大的辦公家具設計製造商，鋼籠企業（Steelcase Inc.），位在紐約市的總公司設置了一個一二〇公分長、一八〇公分寬的大籠子，裡面裝了一千五百隻螞蟻，以此展現「許多家庭共同生活，一起工作」的概念。這家公司的雷斯洛普（Dave Lathrop）說，這個展覽品確實表現出「工作與非工作的部分混在一起了……螞蟻不僅爲工作而活，也爲生活而工作」。PeopleSoft軟體公司的溝通部經理寇克斯（Tina Cox）直接說了：「我們是一家人。」PeopleSoft的創辦人暨前任執行長達菲德（David A. Duffield），在所發出的電子郵件末尾寫了他姓名的縮寫：「DAD」（老爹）。休士頓的BMC軟體公司的人力資源部主管威爾森（Roy Wilson），在被問到工作與家庭如何平衡時，提到了該公司提供各式便利措施，讓你根本「不需要踏出公司一步也可以擁有均衡的生活」。

我有多位病人都提到，這種把工作跟家庭劃上等號的「幻覺」在工作上很常見。莎拉的主管在公司聚餐或野餐時總會播放史萊茲姊妹（Sister Sledge）的名曲〈我們都是一家人〉。萊爾諾的公司的內部刊物裡，有個名爲「VPA大家庭最新動態」的專欄。瑪麗安被她的公司雇用的時候，比爾也說，歡迎她「加入我們這個大家庭」。

然而，這種露骨的說法，不見得會讓員工覺得工作就是實體的家和心靈的家。社會學者梅德勒（Helen Mederer）研究發現，工作「變成了許多人的家，企業擷取了家庭的幾個美好層面，將之融入工作裡。」《財星》雜誌的烏森（Jerry Useem）提到：「隨便取幾段生活的片段，都會發現工作的侵蝕與陰影。」他寫道：

先從家事來看：在一百家最佳企業裡面，有四十六家提供餐點讓員工帶回家，員工不需要再準備晚餐；其中二十六家提供個人雜務服務，讓員工可以省下買花、買生日禮物、規劃私人派對等的時間，有家公司還曾幫一位芝加哥的員工準備一場求婚晚餐……一家位於舊金山的總務公司（LesConcierges）估計，企業在這些服務上面花一塊錢，可以刺激員工釋出相當於一塊七五美元的生產力。

越來越多的女性在生完孩子後就快速返回工作崗位，因此，有上百家企業（包括安泰保險、伊士曼科達、信諾集團）「提供了哺乳室和哺乳顧問。……安泰估計，每一個吃母乳的寶寶可以省下一、四三五美元，並讓員工的病假數減少三天。」

接著，小孩和小狗也進駐到公司裡了。《紐約時報》記者貝魯克（Pam Belluck）寫道：「有越來越多的雇主讓父母親把小孩帶來上班；不是帶到公司附設的托兒中心，而是直接放在他們辦公桌旁，讓他們可以一邊工作一邊照顧小孩。……雇主發現，讓孩子跟父母一起工作，可以減少優秀員工離職的機會，有時還可以鼓勵母親更快回到職場。提供這種好處對雇主來說幾乎不必付出額外成本。」小狗也漸漸受到歡迎，因爲根據《時代》雜誌的記者佛德拉洛（Lisa Foderaro）報導：「現在的辦公室跟在自家後院辦的烤肉大會沒什麼兩樣了，員工說，把狗帶來上班是因爲不想把狗狗丟在家裡沒人管。」

沒有了家徽，但有公司 logo

比上述這些新措施更明顯的一項發展是：美國人逐漸倚靠工作來建立起個人的身分認同。社會學家哈奇斯爾德在訪問一位企業員工時，這位員工一針見血地指出：「在美國，我們已經沒有家庭的徽章了，但我們有公司的 logo。」

我一而再再而三在病人身上發現這種態度。在我這裡的團體治療課程中，好幾次，我環顧這些個覺得自己被心愛工作擯棄的女性，發現很多人還是戴著有前任公司 logo 的T恤、棒球帽、運動服。聽到我的病人們談到他們與工作職場分離的悲傷，我總是忍不住心想：戴著穿著前任公司的棒球帽或運動衫，表示自己還跟「公司」這個虛擬家庭還有關係，或是向世界——以及他們自己——宣告，他們還是某某（企業）家族的一員。公司 logo 提供了一個立即的辨識系統，讓全世界的人知道「你」是誰，就像舊時代的「溫莎」之類的家族姓氏所提供的身分辨識。員工以此默默顯示，在這個誰也不認識誰、誰也看不透的破碎世界裡，他們擁有一個停泊之處。假如企業享有高知名度，或受到各方敬重，那麼身在其中的員工也會因爲這些光環而感覺不凡。我想，可能就是這樣的動機促使耐吉的員工把那個勾勾標誌刺青在足踝上吧。

公司品牌日益受到重視，加上消費者一看到品牌 logo 就會馬上認出來，因此企業很看重如何讓員工到處秀出公司標誌。這不僅可以讓員工擁抱位居至尊的公司文化，也是一種免費的廣告。專賣公司周邊商品的公司內部商品店，乃是新經濟時代的職場特色。每當員工感覺失落、寂寞，難以在變小了的、破碎了的家庭裡找到安定感，這些商品就可以協助員工重新建立起歸屬感和認同。

在這一點上，莎拉是個極端的例子。她說她希望把公司的 logo 掛滿她家裡和小孩身上。她的公司實在好大好大，並且是九○年代晚期的重要企業，它所提供給員工的遠遠超過一般的T恤、咖啡杯或筆。莎拉公司的內部商品店銷售著印有公司 logo 的童裝、書包、背包、鑰匙圈、碗盤。這些，莎拉全買了。她現在回頭看自己的行爲也覺得好笑：

「有時候我早上會帶小孩去上班，把她們放在托兒中心，因此我們全家人都變成人力點的人了。我的意思是說，我讓他們也跟我一樣泡在人力點裡面，並且因此感到自豪，覺得自己能在人力點工作眞是太棒了。現在回想起來，那時候別人一定覺得我瘋了。」

很多人也許眞的認爲莎拉跟孩子們是太誇張了。不過，大部分的人對於把公司名號穿在身上或戴在頭上覺得沒什麼大不了。大部分的人不會把一個公司名字用刺青方式永遠留在身上，但很多人會每天戴著公司的棒球帽或運動衫到處走。這種爲自己標上品牌的方式，跟牧場的動物被烙印上編號以告訴全世界「我們屬於某某處」沒有什麼不同。

這就像微軟員工傲稱自己是「軟人」(Softies)，而尖叫媒體（Screaming Media）的員工說自己是「尖叫人」(Screamers)。

以前的人用假日和節慶來標誌時間。儘管今日美國人所放的假日數少於工業社會以前的人，但仍以感恩節、聖誕節或復活節當作時間的刻度。這些節日在傳統上是要全家團聚，讓大家重新確認自己的個體身分，並且獲取一些歸屬感。不過，我所諮商的病人們認爲，最重要的假日通常都是公司創造出來的：公司的夏季野餐會、節日派對、年度會議，取代了傳統節日成爲新的時間標示。在我的治療團體中，成員們說過「我不能這樣去參加公司的假日派對，於是我花兩個月減掉七公斤」、「我好像是爲了那些公司的活動而活著的」，或是「我一整年裡先是在準備要在六月舉行的大會，大會過後則努力恢復原來的步調」之類的話。布蘭達由於無法出席公司的年度聖誕聚餐而導致職場生涯垮台。她說到這些活動對她的意義：

「我從來沒接觸過那樣的事物。眞的太棒了。他們眞的提供了美食和無限量的飲料……我總愛想像自己到時候要穿什麼衣服……最棒的是，我可以見到所有的客戶和過去的老同事。這就像是同學會，我覺得自己是這個大家庭的一份子，因爲這個家庭非常棒，而且很有錢，可以大方招待大家，對每一個人都非常慷慨。」

布蘭達在這家法律事務所工作的頭兩年裡，被指派去籌備這個年度盛會。她說自己對於這個活動的期待在她心頭盤據了一整年：「我想著，現在是三月，只剩七個月了。我要趕快印邀請卡，然後找承辦廠商來談談。」這些工作並不在她的工作範圍內，她也沒有額外拿到酬勞。不過這些不重要。公司的聖誕晚會讓她的生活有了一個方向，她的活力有了去處，使她充滿了期待，也讓她確認了自己是這個「華美而慷慨的大家庭」中的一份子。

在我衆多病人的生活中，公司活動的重要性已經超越了傳統節日，而他們一般的假日也都是用來工作。許多人是因爲沒有自己的小家庭，於是在假日也投入工作。

英格麗在聖誕節和新年都會進公司工作，結果發現許多同事也來了，在公司裡談天吃喝、玩遊戲。她說，這些時光眞的過得很愉快。她說自己從來沒有考慮要把假日時間花在別處，唯有公司是她心之所屬。葛瑞絲常常自願在假日工作，這麼一來可以讓她轉移注意力，不必面對自己沒有孩子、也找不到人一同過節的窘境。知道了公司會在感恩節開放並舉辦聚餐，由同仁各自攜帶菜餚到公司來，莎拉高興得不得了。泰芮在除夕工作也是滿腔熱忱。

許多公司也都清楚它們成爲「家庭替代品」的新角色。位於聖安東尼奧的ＵＳＡＡ保險公司在感恩節時烘烤了五千份派餅，分送給當天在公司自助餐廳吃飯的員工及其家人。加州的 Scitor 公司、休士頓的「大衛・威克利建設公司」（David Weekley Homes）、維吉尼亞的微策略公司（MicroStrategy），都曾經把全公司的員工送到休閒島嶼去度一整週的假期。微軟必須擋掉很多想在除夕日工作的員工，因爲人數實在太多了。思科系統（Cisco System）也在除夕開放，因爲覺得「放著家庭，尤其是單親家庭，在除夕這天關在家裡孤獨過節，實在不符合聖誕節的團聚氣氛」。

很多企業執行長大談必須在公司裡注入「愛」與「情感」，管理者運用有形、無形的工具來建立起企業「家庭」，公司標誌充斥在企業文化裡和員工服裝上，越來越多的假日和節慶活動是跟同事而非家人一起度過——二十一世紀的美國職場，就這樣變成了很多人的家。

在公司裡面找社區

兩年前，TBWA/Chiat/Day廣告公司搬到了洛杉磯……新辦公室簡直是個完美的……社區。這家公司搬進一個很大的舊倉庫裡，有三層樓高，面積有三個足球場那麼大。這裡被戲稱爲「廣告城」，倒也名符其實，因爲這裡眞像個充滿藝術氣息的都會街區。整片地以一個叫「大街」的通道一分爲二，正中央是開放空間，擺了咖啡桌和一整排熱帶植物，這裡叫做「中央公園」。裡面有棒球場、遊戲室、酒吧台。員工各有一個叫做「窩」的溫馨工作站，幾個「窩」成一組，由大街向外輻射，就像巴黎的「區」分布的方式。高階主管坐在位處中央的房間裡，董事長和創意總監的辦公桌往外可看到中央公園。財務長與媒體總監的辦公間緊鄰籃球場……有一塊小空間設計成夾層，如果你站在夾層的二樓，看著樓下的人手持手機講電話，坐在中央公園聊天或打籃球，你會覺得陽光從你背後上方灑下；你聽著嗡嗡人聲，很可能忘記了你現在看著的是一個辦公室。

葛雷德威所描繪的這種新式辦公空間，對於大部分美國人也是聽都沒聽過的，但這顯示出企業想要在一個地理空間裡（或在員工的想像空間裡）建構出一個能取代「社區」的東西。根據烏森的描述，這些「新式公司城」可以呈現

各式的小型民間社團：棋藝社、族譜研究社、園藝社、模型飛機社、演辯社、網球社、空手道社、潛水社、慈善社團。位在北卡羅萊納州的軟體製造商SAS，公司裡設有乳癌病友團體、單親團體、每月準備各國道地美食交換品嚐的國際俱樂部，以及由公司贊助的歌舞團「聲音運動社」。SAS的樓下，一群女童軍正忙著裝點聖誕樹。

這裡也有宗教性質的活動，例如聖經研讀小組，而「國際基督會」在全國已經有一千多個企業團契，而且成長快速。

SAS和TBWA/Chiat/Day廣告公司，代表的是新穎的新經濟時代工作空間。他們是比較有意識地提供了一個「社區」的替代品給員工。稍微瀏覽一下企管書籍或財經雜誌就會發現，企業在職場營造社區感的做法，是被視爲必要的、而且是有好處的做法。《企業的召喚》（*Business as a Calling*）一書作者諾維克（Michael Novak）宣稱，「企業建立起值得稱讚的社區形式」，雇主應該「在這種堅實的社區感之下立定根基……」

《工作精神》（*Spirit at Work*）一書的作者康傑（Jay Conger）提到，工作場所變成了「我們生活的中心區域，人們有意無意都會把他們對於社區和心靈的需求帶進來」。

以地理、興趣或共同目標爲基礎而形成的傳統社區，已經日漸式微；從工作關係中建立起來的社區，才是現今美國人尋找同志、情感聯繫和歸屬感的地方。**職場變成最新的社交場合**。對於工作的成人來說，白天與別人進行的對話裡面，三分之二以上發生在工作時間裡。許多研究顯示，與同事間的社交聯繫程度，乃是對工作滿意的最重要指標。簡單來說，員工若在工作中有朋友，工作起來會更開心。過去我們需要與鄰居往來，現在我們轉到職場上獲得這方面的滿足。如果公司裡有員工餐廳可以解決吃飯問題、可以帶現成食物回家，我們就不需要到便利商店或其他餐廳去了；如果公司裡有健身房和運動小組，我們就不需要加入健身俱樂部或參加本地社區的運動隊伍；如果可以在公司裡看牙醫，可以在員工停車場保養愛車，可以在大廳交出送洗衣物，那麼我們便省下許多處理這些雜務的時間——而且，這樣做是有道理的，因爲假如我們處理雜務的時間少了，就可以花更多時間工作，成爲更具生產力的員工。這些轉移，也就使得我們不必與鄰居互動、不必與工作以外的人來往了。就許多方面來看，**工作場所提供了一個預先組裝好的生活**，這對於那些想在破裂世界裡尋求安定的人來說尤其如此。

爲了解釋二十幾歲的新經濟世代爲何如此熱中於工作，自己年紀也是二字頭的威納(Jordan willner) 在《舊金山紀事報》上爲文寫道：

> 把所有的時間放在工作上，看起來好像是一種勤勉而成熟的高貴表徵，但其實非常容易做到。成人的生活就是努力工作，負起責任、義務，折衝各種互相衝突的需求……如果你把所有的時間都用來工作，而公司幫你一一打理生活裡的大小瑣事，那

就會比較容易掌控自己的生活……員工都不下班，同事們互相往來，當然極可能也都是談論著跟工作有關的話題，但也會玩耍、進行社交、做運動，而且被餵得飽飽的……

離開了學校，也就離開了一群自然形成的同儕團體；離開了父母的家，也就離開了一些自然形成的社區關係。突然間，只剩下自己一個人了，你覺得害怕，而且沒有什麼明顯的社交管道。然後機會來了：你不但可以賺錢養活自己，還可以直接踏入一個已經組裝好的生活，裡面有現成的朋友、娛樂、醫療、服務和派對。

工作逐漸成爲我們獲得大衆認可的地方。在新經濟時代，企業似乎比各種社會團體都更了解人需要得到自尊、被稱讚、被尊重、被肯定。既然這些需求越來越不容易得到滿足，而美國人的注意力越來越短少，許多雇主就透過「表揚大會」來鼓勵忠誠度、增強績效、鞏固企業文化，以此滿足員工在他處未被滿足的慾望。西南航空在「肯定員工」這一方面的成績可說是美國企業之首；狄爾與甘乃狄合著的書裡提到：

「勝利精神獎」頒發給最能散發「西南精神」的員工。「開創獎」則獎勵那些持續超越本身職責進行思考的員工。「總裁獎」給那些最能彰顯公司價值觀、對顧客及同事展現同理心、願意學習、擁抱變革並散發幽默感、製造歡樂的員工。「特殊領導獎」頒給能夠以身作則，具體落實公司使命的人。其他獎項還包括社區關係獎、好鄰居獎、幽默獎、超級優質服務獎、獎勵最佳技術人員的「超級扳手」，以及獎勵機艙清潔人員的「超級清潔大師」等等。

讓我清楚看到公司的「表揚大會」在員工生活裡扮演吃重角色的人，是我的病人琳。琳是位越南裔女子，在舊金山一家大型財務公司工作，在快四十歲的時候，被她口中的「我的公司」裁員。我想，琳對於公司「表揚大會」的期待程度可以用「上癮」來形容。

案例 琳和最具價值員工獎

琳十四歲跟著母親和兩個兄弟移居到美國。為了幫助家計，她在前往一家協助越南移民就業的機構申請工作時，謊報了年齡。而後她被「我的公司」雇用，擔任檔案管理員，領著最低標準的底薪。因為她的年輕、深深感覺人在異地，也因為她下定決心要學習美國模式，於是她把自己的感情跟雇主緊緊繫在一起。她把公司文化變成了她心中的宗教信條，毫不懈怠。對於琳來說，「我的公司」代表了美國、機會、未來，以及自由。

琳的聰明才智和毅力使得她不斷往上晉升，薪水一級一級增加，也肩負起更大的責任。過了幾年，她的部門發起一個「年度最具價值員工獎」，要與其他幾個獎項在公司年度大會上一起頒發。爲了贏得這個獎項，琳開始沒日沒夜工作，每個星期工作六十到八十個小時。她沒有停下來過，也不把那些根本不必她管的事情授權給屬下。她始終保持開朗，有幹勁，致力於體現公司的「取悅顧客」、「不斷進步」這些價值觀。

琳生命中最快樂的一天，就是獲得公司「最具價值員工獎」的那一天。公司告訴她，會有私人飛機載著她和她的家人一起去參加公司的年度大會，會議地點在舊金山南方一百英里左右的地方。公司招待她住進豪華飯店，並在一個會員獨享的鄉村俱樂部進行正式晚宴與頒獎典禮。琳馬上花了八百塊美金治裝；家人知道後欣喜異常；同事、主管和屬下也都爲她高興，覺得她獲獎是實至名歸。琳受獎那晚的情景還清晰印在她的腦海：

「我上台領獎的時候，所有的人都看著。我走得很慢，所以我可以看到現場所有人，他們也可以看到我。我覺得自己好像漫步過一片愛的海洋。我實在不想離開那個舞台，因爲感覺實在太棒了。被那樣對待的感覺，眞是我有生以來最棒的經驗。」

感受到自己成爲注意焦點、由於自己這個人和自己的行爲與外貌而受到稱讚——琳這輩子沒有覺得這麼心滿意足過。在那一刻，她所敬愛的男男女女、「我的公司」裡的重要幹部，所有人都望著她，只想著她一個人，她眞是得意透頂，覺得一切完滿，自己太有價值了。表揚大會結束，回到正常生活之後，她一心只想重溫那種感受。於是，琳立志要再度奪得這個獎項。她想要的僅僅只是——這個給了她生活、讓她覺得被接受、被重視、被愛的公司能夠肯定她。

琳在接下來的三年連續獲獎。主管告訴她，公司必須獎勵其他員工，所以其後兩年是由其他同事獲獎。但琳繼續努力工作，付出超乎預期的心力，因爲她知道自己仍然被「我的公司」認定爲最具價值的員工；她說她心裡很清楚這一點。期間，她幾次獲得加薪和獎金，不過她可能以爲那是獎勵。在她沒有獲獎的那兩年，琳因爲曾蟬聯三屆「最具價值員工」而受邀坐在年度大會的舞台上，這讓琳感覺自己像個皇后。

二〇〇〇年，琳又獲獎了。她說儘管她很期盼能夠再次獲獎，但本以爲希望渺茫，她說，「因爲『我的公司』希望一視同仁，並且讓不同的人都能獲得這項殊榮。」這次，她花了一千美元治裝，並自掏腰包，請人拍攝她在晚會上致詞的時刻——當她在心理治療團體裡談到了這件事，其他女性團員不約而同要求她下次帶錄影帶來，讓大家一同見證這個榮耀時刻。她欣然答應，隔週她就帶來給大家看了。

看到影片中的琳，我差一點認不出那是她。她化了很濃的妝，髮型刻意經過設計，服裝比較像是戲劇裡才會出現的戲服。在我看來，她像是一個虛構的皇后，而不是最具價值員工。上台的路上，她刻意放慢腳步，緩緩由座位起身，走向講台，對著她所經過的貴賓一一微笑致意；終於抵達講台，她面對攝影機，表現出她想要在錄影帶上看到的自己。部門總裁稱讚了她，她刻意眨眨睫毛；領獎時，她再次轉向攝影機，並且滾瓜爛熟背出一篇活像是由奧斯卡典禮上搬過來的演說。一開始，她先感謝「所有推動這個獎項的人」，接著感謝家人，然後最重要的是感謝全體同仁，因爲他們讓我覺得「世上最卑微的人，也可以獲得眞心的獎勵」。她回到座位，把獎座抱在懷裡，悠然環顧四周，沈浸在這一片愛的海洋裡。她在片子裡的表現，讓我想起小時候在電視上看到的美國小姐及環球小姐的選美比賽。或許琳也看過那些場面。

儘管琳曾經得過這麼多的肯定、注意、讚美和愛，但二〇〇一年公司爲了縮減財務而把她裁掉，這對她有如晴天霹靂，簡直要崩潰。她的部門因爲未能達成預估的利潤而進行重組，她的職位正好被削減了。若只說琳從沒料想會有這麼一天，還不足以形容她的感受。琳在團體治療時常常啜泣，用哽咽的聲音和誇張的用詞說著：「我會料到腳下這片地有一天會不見嗎？我會料到地球有停止轉動的一天嗎？我可是拿了四次的最具價值員工吶！」

二十多年了，她每週少則工作四十小時，多可達八十小時；被裁員以後，原先把琳的自我整合在一起的黏合劑，突然變乾變硬了。最近六年來，琳簡直放棄了工作以外的一切，以便體現她身爲公司最具價值員工所應有的行爲。她渴望獲得這個地位帶來的肯定和被愛的感覺，而滿足她這種對自我客體的需求的，並不是職場上的「某一個人」，而是因爲整個公司營造出一種可以確定自我的環境，使得琳產生了完整而一致的感受，並覺得自己有價值。在這樣的環境裡，她的人生只繞著年度表揚大會打轉；年度大會是讓公司這個社區認識她的地方，在年度大會上，她感覺自己是皇后、是最佳女主角、是環球小姐。琳不曉得還有別種形式的社區，她只知道「我的公司」這一種。

工作，變成了社會運動

創辦《高速企業》雜誌的衛博（Alan Webber）和泰勒（Bill Taylor）說過：

有些事情在發生，對所有人都產生了影響。全球性的革命改變了企業；企業改變了全世界……公司的架構在變；公司與公司的關係在變；工作的本質也在變；成功的定義也變了。其結果是一場如同工業革命般影響深遠的革命。

作家德蘇札則描述：

古時候的哲學家、神父或士兵，把自己所做的事賦予一種具有超越價值的目的感。我可以想像，斯巴達的士兵在戰場上流血至死，心裡想著：「我來世上一遭並沒有白費，我是爲了一個比小我更大的神聖目的而戰。」不久前，我在一場科技會議上提到以上這種說法，一位與會者就說：「我就是希望能用這種方式來感覺電子商務解決方案！」

不知多少的美國人加入了新創公司、高科技、生物科技公司等等在新經濟裡佔有領導地位的產業，在工作裡找到的往往不只是家庭或社區的替代品而已。許多人認爲，他們的工作提供了一種置身社會運動的感覺，認爲自己正在改寫歷史。與志同道合的同事一起工作、與同志們一同奮鬥，共同發展科技、生技製藥或娛樂事業的新規範，這讓他們覺得自己像是加入了這股世界性的、歷史性的變革洪流。這股洪流的地理核心和神話焦點，當然就是那曾經枯燥無味、位居郊區位置的矽谷。小說家布朗森（Po Bronson）在《晚班裸男》（*The Nudist on the Late Shift*）如此描寫：

> 搭車，搭飛機，他們來了。他們就這樣出現。他們放棄別處的生活來到**此地**，爲了偌大的機會而來。他們相信如今世上除了此地，再也沒有別的地方能讓人光憑才智、努力及好點子就能達成如此成就。在這裡，成功與否跟你的關係多好、多麼有錢毫不相干。他們來，因爲這兒沒人計較他們太年輕、大學沒畢業、膚色深，或是口音重。即使非法，他們照樣來。他們來，是因爲覺得如果不試它一次的話，他們會一輩子遺憾。他們來參與歷史。

布朗森所描繪的那股吸力，來自一個地理上的眞實地點，它就位於舊金山南方的聖卡拉谷（Santa Clara Valley）裡；那股吸力，也來自一種把工作當成革命、把企業推崇爲能夠改變歷史並帶動新經濟的神話氛圍。各種商業雜誌常常報導新世代員工的種種，封這些人爲**引爆變革**的明日之星、**企業新貴**，或乾脆說他們是**革命份子**。《高速企業》雜誌在評論「全球頂尖企業策略大師」漢默爾（Gary Hamel）的著作《啓動革命》（*Leading the Revolution*）一書時說：

> 你可以變成自己命運的作者。你可以俯瞰未來，大聲告訴自己：我不再是歷史的俘虜。只要我能想像，我就會成就。我不再是無個性的官僚體系中的無名小卒。我是一個行動派，不是寄生蟲……我是一個革命份子。

許多企業自認他們改變了商業運作模式，並因此改寫歷史；這些企業的員工也都應聲入列，接受了自己公司那種激發員工以熱情投入的工作文化，說那是比「工作」本身要偉大許多的東西。出現這些論調的時候，經常也同時伴隨著執行長或創辦人的「英雄使命」一起出現，並標舉一個宏大的遠景，激勵大家對它注入革命般的熱情。昔日軟體業巨人「微策略」就是一個很好的例子。這家公司在新進人員接受了六星期的**戰鬥營**訓練之後，執行長賽勒（Michael Saylor）會對新人宣示：「我們的使命是要讓每一個角落都能獲得智慧。……今天晚上就打電話給你的朋友，問一問他們公司有什麼使命沒有。然後，問你自己，我會願意追隨那樣的企業到天涯海角嗎？還是那只是一個每星期花掉我四十個鐘頭的地方而已？」賽勒最後會提到一座位於西班牙阿坎塔拉，當初古羅馬人建造這座橋的時候，希望把它建成一座永不毀損的建物：「我們有能力顛覆經濟模式，增益人類的生命，驅動文明前進，道理就跟（羅馬人）那座橋一樣，希望能服務一代又一代的人類……你，可以讓我們成功，也可以使我們失敗。」

如果我們的工作牽涉到「驅動文明前進」，因而需要願意跟隨雇主到「天涯海角」，那麼我們工作的地方確實容易讓人陶醉其中。我們還能在哪些地方感覺到自己如此重要、如此受激勵、如此朝向一個高蹈的道德目標前進？我認爲，今日的美國社會恐怕再也沒有一個地方能夠喚起這種英雄主義，讓平凡人也覺得自己是改變歷史的推手。工作背負著神話的氣息，披上了命運的斗篷，並且喚起人心深處的利他、勇氣、犧牲等種種美德，以及，漫長得嚇死人的工作時數。九一一事件發生後的幾個月，我們用「美國：

重新開張！」這句口號來喚起愛國心、無畏勇氣和決心。透過商業活動，我們貢出自己的人生當作經濟的推手，從而定義什麼叫做「美國人」，什麼叫做社會公民。

英格麗就是一個絕佳的例子。她的 E-Stream 公司當然提供了家庭和社區的功能；她除了把所有時間貢獻給工作，也把工作視爲參與社會運動的一種方式。英格麗覺得，爲了推動公司前進而必須犧牲自己的需求和慾望是很正常的。唯有相信自己正在創造歷史，才可能讓一個人一星期工作一一〇個小時、睡在公司會議室裡還毫無怨尤。在我看來，每當英格麗發現自己傾倒給公司的能量變弱了的時候，她就會想辦法喚醒自己的英雄氣質：

「喔，不知道耶，我開始覺得自己可能需要別的東西了，例如嗜好之類的……我小時候常常騎馬，所以我就想：『我現在爲什麼都不騎馬了？』但馬上我會想到公司發展中的某項新產品，然後就會告訴自己：『拜託！騎馬？你在開玩笑吧？把產品弄出來才是重點！』明年，全世界的人都會知道這東西，而我是其中一份子。我是某個眞正重要的事物裡的重要成員。」

於是，只要想到了工作就是社會運動，企業變革就是革命，那麼，騎馬這件事，或是交男友、結婚成家、或其他嗜好等等工作以外的事，馬上會被英格麗拋到腦後。

某家達康公司的策略副總裁沙克斯（David Sacks），曾經投寄了一篇文章〈新創公司讓全球員工甦醒〉刊登在媒體，文中對於這種「工作即革命」的觀點做了很好的註解：

對許多人來說，加入一個新創公司已經成爲一種獨立宣言，宣告自己脫離了一成不變的傳統工作軌道，宣示自己會效忠一種全新的企業精神，宣示了自信和勇氣。驅動他們做出這種選擇的動力，除了網路公司的遠景，也包含了他們的渴望；他們想要走在時代尖端，想要打一場氣勢磅礡的大戰，想要體驗上幾代人上戰場之前的壯烈情懷。但現在用的不是武力，而是由狂野不羈的資本主義負責傳輸精力、智慧和野心……

現在正是加入的時刻，正是走在時代尖端、了解自己的時刻，正是最能體驗到那些無法從專業公司或大企業得到的好處的時刻。就算什麼都沒有感覺到，你至少會覺得自己活得更眞實。

我想，這就是重點了。生活中簡直沒有什麼事物能讓我們覺得自己眞實、有勇、重要。對於在六〇、七〇年代正值青春的年輕人來說，投入一個可以公開演講、爭取公民權和女性權利和反越戰的活動中，讓他們感覺自己打了一場大戰。四〇年代的美國年輕人投入反法西斯主義的活動，並在家進行相關的支援活動，這讓他們覺得參與了世界歷史，保衛了民主、對抗邪惡勢力。今天，這一類尋找意義、目的感和生存感的想望，沒有辦法經由宗教、政治或公民生活來獲得。於是，這些渴望漸漸被導入工作世界，因爲有許多人在工作上感覺到自己扎扎實實地存在著，活得更充實。

被工作關愛，被工作養胖

在（科學管理之父）泰勒先生所談到的企業組織裡，工作場所不是什麼令人覺得愉快的地方，一切都單調而無生氣，也沒有人性；惟見清晰的權力與控制關係。這裡不需要什麼「自我」，只需要執行上面交辦的功能與任務即可……處理生鐵的員工史密特，在形體和心理都近乎囚禁的情況下工作，但他不需要對老闆微笑。他只要搬動生鐵就行。史密特在家裡和別的地方獲得自尊……他是一個經濟人，一個飲酒的人，屬於他妻子的人；但他不是也不需要是企業人。他根本不需要在工作上獲得社交的滿足。他不會被叫去跟同事們一起吃甜甜圈，還得擠出滿足的微笑；他也不必在公司訓練課程裡向大家公開內心的感受。

席拉

就許多角度來看，新經濟裡的職場確實比過去更有人性、更民主、更愉快，也更有趣。許多新經濟時代裡的員工覺得，能夠發揮創意和自我實現確實是很棒。不過，有些人把這種工作方法當成了唯一的存在方法，也是他們僅有的生活——對這類人來說，企業的共同價值和目的、公司提供的諸多好處、工作組織裡的民主方式和關懷和愛等等做法，並不是爲了引誘他們工作更長時間、具生產力而採用的「手段」。所以，這些人在發現了雇主原來重視的根本不是關懷、企業文化和員工生活舒適的時候，馬上會崩潰。

他們的痛苦，往往根植於一種矛盾的情結：一方面，雇主要他們組成團隊一起合作，塑造出「我們都是一家人」的感覺，所有員工的意見也都受到重視，並且形成共同目的；另一方面，雇主卻也依照股東或合夥人基於利益所提出的需求，進行裁員、降級、調職、晉升和縮編。員工常常就是在這種矛盾的認知中迷失了方向，茫於眼前的一切，並且責怪自己，要不然就是出現令人費解的怒氣：「我以爲他們會在意」、「我說的話應該都很重要才對」、「他們一直說我們是一個團隊的啊！」

由於新經濟時代強調的是平等、企業文化、樂趣和參與感，因此，職場權力關係穿上了另一種外衣，而這是過去沒有的。當那些個控制公司的人是坐在角落裡的華麗辦公室，一身昂貴的西裝，你一眼就能認出公司權力落在哪裡；但如果執行長也同樣坐在隔間裡，也穿著短褲上班，你可能就沒辦法辨識出來了。如果員工跟老闆一起在派對裡狂歡，並且一直聽到「民主式的團隊合作才是公司的成功關鍵」這類的話語，你會更不懂公司爲什麼要裁員，而且會濫用權力——比置身過去那種層層節制、有清楚上下關係的組織還要不懂。如果我們相信我們是**夥伴**或**合夥人**（威名百貨、亞瑪遜網路書店、Marriott飯店集團、星巴克咖啡，都這樣稱呼旗下員工），我們可能會忘記自己並不是眞正做最後決定的人。如果各種公司福利和社交活動顯示了雇主關心我們，那麼當我們突然發現他們並不在意時，就會極度震驚和痛苦。如果我們是那頭全身奉獻做成培根的「豬」，而不只是僅僅參與的下蛋「母雞」，我們就更會因爲「屠殺」而受傷害。

「讓團隊更有權力控制自己的工作時程或設計，不等於給他們眞正的影響力，讓他們可以在自己的利益與股東和高階的利益起衝突時（例如公司決定縮編或減少工作）用來維護或爭取自己的利益。」社會學家德博（Charles Derber）提出這樣的看法：「如果有人假定公司和員工之間享有共同利益，等於假設『權力』是個不相關的因素。」

權力的概念不存在於我那些病人的腦子裡，他們也從來沒想過，員工和雇主的利益基本上是對立的。你可以說，我病人們對於自我客體的需求非常強烈，因此變得天眞，因此會爲了得到安全感、情感聯繫並且被肯定而忽略了權力關係的問題。然而，我認爲這不是獨獨發生於我的病人們身上的現象。美國社會常把企業及其利益當作全體人民的利益。長久以來，我們始終不喜歡「**勞動階級**」這個稱號，卻比較喜歡認爲我們大多數人都屬於「**中產階級**」，再加上今日的工會力量演變成空前的薄弱，這使得工作這件事在美國變成是很個人的遭遇，而不再是一種集體的經驗。

美國的發展與西歐不相同，美國人不覺得「社會階級」這個概念有多少意義。因此，美國人對於階級對立或分配不均等現象沒有太大共鳴。遇到了在工作上遭受背叛的問題，我們沒有來龍去脈可供深入了解，也沒有認知上的或理論的工具可以進一步了解。

那聲「我以爲他們眞心在乎」的悲鳴，讓我們發現，我們只能從個人的心理狀態和個性出發，以此解釋種種與工作相關的事件。根據森耐特的說法，員工的「個人責任感和愧疚感，會因爲現代管理理論所使用的詞彙而變得更加複雜。這些現代詞彙想要讓員工以爲他們可以自己作主，以此掩飾了眞正的權力所在。」

美國社會似乎對企業展現出空前的偏愛，對於企業的生殺大權也懷抱了前所未有的信心。大家都相信，只要對美國企業有好處的事，就會對美國人有好處。再加上，我們的家庭與社區的制度衰微，工會的效果不彰，公民生活和對政府權威的信任感日減，所以根本沒有人會對於企業的權力或對市場的信心提出反對的聲音。我們不僅歡迎企業，把企業的介入看成是諸如輟學、犯罪或醫藥成本增加等社會問題的解藥，也把企業在全球經濟體系之下的轉型視爲全體的福祉。

這種世界觀滲透到職場，瀰漫在每一個角落，讓我們對於我們所工作的企業更有信心。這種世界觀，讓我們更渴望能虔誠信仰那一切關於愛、關懷、承諾、共同目的、全體員工利益的種種聲明。如果有人從旁鼓勵我們，要我們在公司裡外都參與公司文化，那麼我們四周就會充滿了吸力，促使我們跳下去相信它、認同它、把它奉爲理想、願意爲它犧牲奉獻。眼看社會上沒有其他同樣有吸引力的邀約，沒有其他社會組織會使用這麼激勵人心的方式來期待我們加入，很多人可能會發現自己很難拒絕掉「工作的邀約」。

我們在情感上飢渴無比，而新經濟的工作場所塡補了我們的這種飢渴，把我們養胖，並且鼓勵我們，帶著社會的祝福，全心投入工作。

5 爲什麼都是女生？

我母親總是灌輸我一個觀念：千萬不要相信男人。她說：「獨立做自己，信任你的工作。」

莉翠思・強森，美國郵政工作人員

在我過去十年裡諮商過的兩百個嫁給了工作的個案中，大約八五%是女性。這種男女比例的懸殊，也呼應了美國尋求心理治療的病人約三分之二是女性的這項事實。一般來說，女性比男性願意尋求外界協助，比較願意承認自己有心理方面的壓力，也比較積極探索自己的感受。然而，我相信我的個案中所存在的性別不平衡，原因並不只是這樣。

我認爲，女性對於工作環境懷抱了不同的需求，展現了不同的興趣，也採用不一樣的生存方式。她們更容易嫁給工作，因此，當她們的雇主顯示出不關心，或表現出「我們不是一家人」的樣子，或重視利潤勝過於重視以情感爲基礎的企業文化的時候，她們比較容易感覺到被背叛。

聽到我的病人們描述自己如何了解與建構自己的人生，我傾向於認爲：女性比男性容易嫁給自己的工作，這包含了心理上和經濟上的因素。男性對於自我客體的需求也很敏感，也會感覺遭到背叛，但一般來說，男人對於自我的定義，以及他們的把職場當成一個以勞力換取薪水的環境，使得他們在情感上比較有彈性，比較不會與工作演變成要求一夫一妻制的關係。

女性天生需要跟別人有關係

一般女性每天上班時，她心中懷抱的對於人際關係的需求是比男性高出許多的。她通常會在工作環境裡尋找朋友、對話、分享、歸屬感，並與同事們維持互惠關係，藉由與別人維繫關係而保有自我。儘管每個女性建立關係的能力和對關係的需求程度高低不同，但女性大致都會覺得需要打入團體、與他人建立連結並維持關係。相反的，一般男性在職場裡比較傾向於透過自主和情感的獨立來定義自我，他也會在工作上有社交活動，但比較不像女性那樣想在工作上尋找持久的情感聯繫。

女性透過對他人的依附和與他人的關係來定義自己，男性透過自主和情感上的獨立來界定自己——關於這樣的現象，社會學者暨心理分析家寇德洛（Nancy Chodorow），在著作《母職的再生》（*The Reproduction of Mothering*）中做了清楚的詮釋。從這本相當具有影響力的著作裡我們理解到，女性在「養育兒女」這件事上所擔負的重責，是如何造成了女性和男性對於關係的需求有所不同，以及建構自我方式的不同。

爲了有別於女性，成爲男子漢，男性在心中樹立了清楚定義的自我，據此劃出界線，清清楚楚在心理上與那個和他有最原始的聯繫關係的異性（母親）分隔開來。這樣的過程，使得男生發展出明確的自我感，並且希望他與別人的關係都能夠尊重個體自主。假如某個親密的人際關係展現出了類似出生早期的母子式共生特質，他會覺得自己的男性本色受到威脅，因爲男性特質主要就是從與母性特質的對立而出發形成的。

另一方面，女孩則是在與母親**產生關係**的過程中發展自我感的。因爲母親與她們是同一性別，因此女孩在與母親分離的過程裡面仍含有高度的連結感和連續感，這比母子之間的連結更強烈。因此，女兒發展出來的自我感會比兒子的自我感更流動而可穿透，並且傾向於透過與他人的關係來界定自我、發現自我。女孩對於關係的需求，都是出於爲了與別人維持親密感和關連感，這大多是因爲她們在形成自我及女性特質的過程中，不必像男孩那樣否定自己與母親的羈絆。寇德洛提到，女孩的發展

以「同理心」爲基礎，並深植於她們對於自我的理解；這和男孩很不一樣。女孩比較能對他人的感覺或需求覺得感同身受……成人後，女性仍然關心這個持續的人際關係課題，而其關注方式和男性大大不同。……男性的人格特質越來越變成要從他對於關係和連結的否定來理解；而女性人格特質則首重理解那個置身於人際關係裡的自己。

上述情況乃是典型，實際程度則當然會因人而異；但一般來說，女性似乎比男性更在意會不會傷害到別人的感情，也在意自己受到情感上的傷害。她們的友誼關係比較深厚，對於被接納或被排斥這類的事比較敏感，比較需要與別人維持關係；女性對於分享

和建立共同感的慾望比較強烈，而對於功成名就和競爭之類的議題比較會有猶豫和內心衝突。相反的，男性一般比較畏懼親密關係，對於感覺和情緒這類的事比較不敏感；男性比較會因爲自己沒有受到尊重、肯定或服從而覺得自己的男性本色受到挑戰。另外，男性在能夠發展自主性和採取競爭行動的環境裡感覺比較自在。

這些心理差異使得女性比男性更具社交性格，比較在乎關心他人或被人關心這類的事。在幾乎所有的社會連結度的實證指標上來看，例如打長途電話給家人和朋友的次數、互相寄送卡片和互贈禮物的頻率、拜訪朋友的時間、參加義工活動的頻率、與人閒聊的時間，在這些數字上，女性都超過男性。

女性這種需要從她們經由與別人的連結而來界定自己的特性，也反應在職場上。現在的女性花在工作上的時間越來越多，相對的，在家或與鄰里互動的時間變少了，所以她們必然要在她們花了大多數時間的工作場所裡面，在同事和老闆身上尋找人際的親密感、聯繫感、彼此的關心。第二章提到的葛瑞絲跟蜜雪兒就是最好的例子。

葛瑞絲覺得自己被主管背叛之後，辭職離開了。主管譚雅的「背信棄義」看起來跟工作本身或葛瑞絲的表現沒有直接關連，卻是因爲她對於葛瑞絲的身體狀況不夠關心。

葛瑞絲希望能從譚雅那裡獲得友誼、親密和分享的感覺，但譚雅似乎沒有對於葛瑞絲因手術逼近而生的恐懼或焦慮感同身受。葛瑞絲向同事們及譚雅尋求感情上的支持、將心比心的感覺和關愛，但是她才看完醫生、回到公司，譚雅竟然要求她加班，這讓葛瑞絲跌入了深淵。譚雅顯然比較在意超市裡的人力需求，而不在意葛瑞絲個人的痛苦。

蜜雪兒的遭遇也非常類似。她強烈依附她的主管薛碧，也是出於她與薛碧的這種連結才使得她全心獻身給工作。蜜雪兒必須透過與別人的連結才能理解自我，因此她才跟前一份工作（進出口貿易）離了婚，馬上就又把自己嫁給了新東家。

女性對於關係的需求，在太多人的職場經驗裡都看得到。例如碧雅。碧雅參加我的團體治療長達三年，剛來的時候是六十三歲，已在一家婦產科診所擔任接待工作將近二十年。碧雅非常精準地說明了她爲什麼不能再繼續做這份她喜歡的工作了：「我實在厭倦了這種不會被其他同事找去一起吃午餐的生活。」

案例　碧雅希望與同事一起吃午餐

在這二十年來，碧雅看著辦公室員工來來去去。在最後這五年，診所來了一位新同事，這位同事不知為何，就是不喜歡碧雅。或許是因為碧雅的年紀，或許是因為每當醫生跟行政人員起了爭執，碧雅總是一面倒支持醫生們，也或許是因為她工作時間太長，遠遠超過公司的要求。她並不知道是什麼原因，但其他行政同仁就是不邀她一起共進午餐。

碧雅採用了很多種方法試圖解決自己這種被排斥的感覺。她買糖果甜點給同事吃；她掩護在上班時間溜出去辦事的同事，幫他們處理工作。她在午餐時間到外面散步，而不在辦公室單獨吃飯。她常常在辦公室洗手間裡哭。她不斷對先生、已成人的孩子、朋友們傾訴。最後，她請診所裡的醫師出面協調她跟同事之間的這些問題；但那位醫生拒絕了，他說他不想捲入這種瑣碎的事情裡面。碧雅大感挫折，心都碎了。她說：「我試過一切方法希望讓他們喜歡我。我幾乎是把自己全部翻出來了。我知道如果我再多去那兒一天，我僅存的一點點自尊馬上會崩潰。」

我相信，聽到了碧雅所說的她是為了什麼原因要離開這份她曾經心愛的工作，大部分男性都會覺得半信半疑，甚至無法理解。對男性來說，不管是內心深處感覺到被排斥，或者是沒辦法打入同事們的午餐小圈圈，實在是微不足道的小事，不值得因此而離職；

而大部分的女性也會這樣想。但是我猜，大部分女性或多或少都能在碧雅的困境裡看到某些熟悉的情節。也許，碧雅缺乏技巧的手法和毫不掩飾的態度會讓許多女性覺得不舒服，但碧雅的想要有朋友、想要被接納與被喜歡、想要與他人連結的心情，則是大部分女性都有的經驗。正是這種特質把女性與同事或主管連在一起，往往也正是這種特質使得她們與工作走進了禮堂。

現在越來越多女性加入了給薪的勞動市場，於是她們的情感聯繫、談天、八卦和說心事的對象變成是同事，而不再是鄰居或親戚。我們可以從碧雅辭職這件事看出來，女性的生活範疇已經從「住家附近」移轉到「工作場所」。

碧雅一九五七年結婚，兩年後生了第一個孩子，她現在仍住在四十年前買的房子裡。碧雅原本是全職媽媽，一直到老么上高中以後才到這家婦產科診所工作。她說她一直要到三年前辭職後才發現，她所居住的區域在二十年裡起了多大的變化：

「在我照顧小孩的那些年裡，其他人也都有小孩，所以在住家附近總是可以找到人聊天、借東西什麼的。……沒錯，我對鄰居們非常了解，因為我們白天都在家裡，所有人的先生都出去工作了。我們都是這樣走過來的……現在，我覺得鄰居跟以前很不一樣了，眞令人難過。現在的人不像以前那樣互相幫忙了，大家看來都變成獨立個體，什麼事都靠自己完成……我早上在家附近散步時，覺得這裡好像一座死城，因爲每個人都出去上班了。」

碧雅希望她的生活裡能夠有人作伴並且提供連結感，她這種願望，在現今的工作世界裡遭遇到莫大的挫折：她既沒能把職場變成過去的鄰居關係，也發現住家附近找不到什麼人影。碧雅過去的家庭主婦生活生氣蓬勃，有同樣在家帶小孩的鄰居，有自己的小孩，還有大家對彼此的互相需要與關心。辭職後的碧雅覺得自己年紀太大，不適合再另外找一份工作，於是她在其他領域裡尋找友誼和歸屬感。她白天在自家附近的街道走動，發現那裡死寂一片。她連著三年來參加我的治療團體，不全是因爲她眞的這麼需要治療，而是她希望與其他女性有所連結。她說：「我無法想像不再來這裡會是什麼樣的情景。我想聽聽別人的故事，看看其他人一整個星期裡過得好不好。」換句話說，團體治療在某種程度上成了碧雅在年輕時候所體驗到的鄰居生活。團體治療讓她可以跟別人分享心事、聊八卦，並且進入別人的生活，感受他人的痛苦，分享他人的成功。這除了是某部分的社區功能，也說明了碧雅需要持續藉由與別人的連結來維持一個整體的自我。

單身成爲了主要狀態

學者哈奇斯爾德說過：「對女性來說，在今日世界裡獲得一份工作，像是在一份無法確定的家庭生活保單上面，把對於情感的保險條文給抽掉。」

女性結婚通常不只是因爲情感的因素；回顧歷史會發現，女性也爲了獲取經濟上的生存及安全而結婚。因此，看到今日的女性嫁給了自己的工作，我們也可以用上述邏輯來思考。今日世界，經濟快速變遷而家庭分裂，並且仍然認爲女性應該負責教養子女，於是許多女性轉向職場尋求經濟能力和安全感。許多女性把期望寄託在她們的雇主身上，希望雇主對她們忠誠，不離不棄，貧富不改。看起來，工作似乎比男人更能讓女性得到經濟上的穩定。

第二章曾經談過，大部分女性必須自己撫養自己和孩子的年數恐怕會越來越長。由於離婚人口、晚婚人口和非婚生子女的大量增加，現在只有二三・五%的家戶是由已婚父母與小孩所組成的。在成人女性之中，有四〇%是單身，女性結婚的比率比一九七〇年掉了三分之一。對此現象，羅特傑大學（Rutgers University）全國婚姻專案共同總監懷海蒂認爲：「事實上，婚姻現在變成了人生的插曲，單身才是主要狀態。」光是「單身」這一因素本身，並不足以造成女性比男性更容易嫁給工作。女性在經濟上的遭遇與男性有兩個不同：一是女性仍要負起養育小孩的責任；二是女性在勞動市場所獲得的平均薪資低於男性。女性主義作家艾倫瑞一語道出這種現象：

對於女性此一族群而言，未來存在著令人聞之色變的不確定性：我們逐漸依靠自己的資源而生存，但我們的社會及經濟體從來不打算把我們當成獨立的個體，更別說是把我們當作負擔他人生計的人了。

今日，有三分之一的小孩是由沒有結婚的母親所生下，這數字在五〇年代只有五％而已。儘管這個數字的增加是因爲有很多未結婚的同居人口，但很明確的一點是：女性在人生中會有某段時間必須面對「獨力撫育孩子」的情況，而這是過去所從未見的。從一九九〇年開始，以單親媽媽爲一家之主的家庭數目增加了二五％，儘管單親爸爸的家庭數也在過去十年中有所增加，但只佔所有單親家庭的六分之一。由於離婚的比率沒有大變動，而多數情況下獲得小孩監護權的還是母親，這就使得艾倫瑞一九八三年所說的話仍然能成立：「在絕大多數的情形中，離婚的結果通常造就了一個『單身男性』，以及一位成爲『單親媽媽』的女性。」

由於勞動市場付給女性的薪水較低，又偏好雇用全職員工，所以單親媽媽在經濟上居於不利的情勢。女性全職工作的平均週薪只有男性的七六％；至於那些兼職工作或打零工的母性，特別是單親媽媽，她們賺錢的能力就更受到限制了。這種經濟的不平等造成了一個事實：四〇％未婚生養子女的女性，所賺的錢不足以支付自己和小孩充分的衣食和住所之需。

二十世紀下半葉，女性生活方式發生了巨變，但社會傳統維持舊有習慣，於是兩者間出現了歷史性的衝突。養育小孩的責任仍落在母親一方，但由於家庭薪資減少和婚姻不再是天長地久的保證，她們越來越可能需要獨力養小孩；然而，她們養育孩子的這個大環境，卻支付了她們比男性少的薪水，爲了孩子請假還得扣薪水，不提供價廉又優質的兒童醫療保健制度，同時對於有小孩的母親設下諸多工作限制。

對於女性和男性來說，新經濟都是一個風險更高、更不確定的環境。能夠安頓身心的制度與組織變少，大家都說「一切靠自己」，靠自己的能力努力行銷這個叫做「我」的品牌。然而，在這始終不確定的世界裡，男性和女性並不是完全平等的；女性既然面對諸多限制，所以實在不難理解，女性爲什麼會比較依賴一個能支付穩定薪水、能提供歸屬感和穩定感，外加一群現成朋友的組織體制。一輩子賺錢養家的丈夫角色既已不復存在，於是職場提供許多女性一個絕佳的機會，讓她們享有基本的經濟安全感。從女性所面臨的經濟困境來看，就可以理解女性爲什麼會甘願嫁給工作了。

案例　莉翠思在工作裡尋找安全感

在我過去十年的課程中所遇過的女性病人中，莉翠思可能是最明清楚知道自己要在工作裡找安全感而不在男人身上找安全感的人。她這種想法可以追溯到她的母親；她常用尊敬的口吻談論她的母親。莉翠思的父親在她還沒出生時便拋棄了她們：

「媽媽懷了我六個月之後，他就一走了之。沒有留下一個字、一張紙條。什麼都沒有。媽媽就只剩下自己一個人，那時她連高中都還沒畢業呢。她沒有一技之長，什麼都不會。而她自己的母親，天啊，她當初根本不贊成我媽結婚，她甚至不讓我的媽媽回家去。『妳不是認爲自己長大了嗎？自己想辦法吧！』外婆光說這一類的話。我的媽媽就說

『好吧』，然後就自己找了個地方住，找了一份工作。她獨力把我撫養長大，她做得很棒。」

莉翠思的母親撐持起生活，並教導她的女兒絕對不要相信男人，絕對不要沈迷在羅曼蒂克的愛情幻想裡；唯一能相信的事情是工作——找一份穩定的工作，把它當作靠山和救星。莉翠思說，工作從來沒有讓她的母親失望，或許薪水不怎樣，但至少有那份薪水，可以讓一個單親媽媽不需要倚靠親戚或政府就可以養一個女兒長大。

因此，當莉翠思以優異成績從高中畢業之後，她打算找一個能夠提供她絕佳安全感的工作。不到兩個月後，她被美國郵局雇用，擔任分信的工作，薪水跟福利都不錯。她在郵局裡交了許多好朋友，過著無憂無慮的日子；她還是跟母親同住，交了幾任男朋友，但她從來沒有考慮要嫁給哪一個或跟哪一個同居。「從小媽媽就教我凡事靠自己，我喜歡我自己，我不需要一個男人在旁邊使喚我，等他回家，或是在我工作一整天之後還要聽他說『拿瓶啤酒給我』。」

她二十三歲時生了一個女兒，她說她從來沒有考慮要嫁給孩子的爸爸（這人是她在郵局的同事），她也只准許這位「父親」每星期來看女兒一次。七年後，她又生了個兒子，這次是跟另外一位男朋友所生，她所採取的模式也跟老大一樣。在那些年裡，莉翠思繼續在郵局工作，但改調爲晚班，方便她在白天照顧小孩，晚上她再請母親代爲照顧。

女兒二十歲時搬了出去，到外地讀大學。一個月後，莉翠思的母親被診斷出罹患胃癌，不到一年就去世了。這段時間莉翠思過得很辛苦，因爲母親一直是她生活的中心，而女兒在家時帶給她不少快樂。莉翠思說她非常想念母親跟女兒；她發現自己更常自願加班，試圖讓自己保持在忙碌的狀態，藉此沖淡悲傷。莉翠思每週工作五十個小時；此時她發現自己的雙手、手腕和下臂疼痛異常。她看了幾次醫生，被診斷得了雙手腕隧道症候群。她在雙手手腕上戴上支架以減輕痛苦，並繼續工作。但是痛感沒有消失，到她四十九歲這年不得不停止工作。她申請勞工賠償，因爲她認爲這個症候群是因爲她的工作重複施壓所造成的傷害。郵局駁回了莉翠思的賠償申請，她大爲震驚，或許震驚還不足以形容她的感受：

「我覺得太過份了！我把一輩子給了他們，結果他們說那不是他們的錯！於是我衝進主管辦公室，告訴他們，『有沒有搞錯，這樣是不對的。』他們回答『莉翠思，這的確是他們的回覆，妳可以再往上呈報』什麼什麼的。聽到這結果，我決定了：我要自殺！我回到家跟我兒子說我要自殺，因爲我完全沒辦法接受這事實。我給了他們一輩子哩！

我放聲大哭，兒子認爲我可能發瘋了……他打電話叫警察來，我自己的兒子打電話給警察。警察來了，把我抓到瘋人院，把我鎖在房間裡面，把我當作是會傷害自己的重症病人。」

莉翠思在精神病房住了三天，醫生給她開了抗沮喪的藥物，並且推薦她去找我工作的某一團體中的某位治療分析師。莉翠思跟這位分析師進行了兩個月的治療之後，被轉介到我的治療團體來。

她第一次來到我的治療團體時，看起來受到很大的震撼。她仍然無法理解自己爲什麼會被她工作一輩子的郵局給背叛。她堅信工作是一切的救星，這個信念是她人生的重要基礎，近乎宗教信仰。她手上的慢性疼痛如影隨形，不斷提醒著她，郵局是如何把她當作「消耗品」。「現在我已經沒有辦法做我的工作了，他們就把我棄之如敝屣……我把生命中最精華的歲月給了他們，而他們竟然不在乎我的手受傷？」莉翠思現在要面對經濟現實，因爲郵局不支付傷殘賠償，一旦她的病假用完，她就沒有收入了。

莉翠思用不可置信的口吻詢問治療團體裡的成員們：「我能何去何從？我還可以相信誰？」

莉翠思接受了母親所灌輸的「不要相信男人和婚姻」，她信誓旦旦表示，想當個獨立而有安全感的女性，就絕對必須投身於工作。她遵循了這項信條，爲了經濟獨立而全心奉獻於工作；但她在四十九歲這年發現，自己就跟母親在四十九年前被丈夫拋棄一般的被工作拋棄了。

一個人上兩種班

大家往往假設，過去三十年來女性的大量投入勞動市場，使得女性可以用與男性類似的方式接觸到工作世界；女性可以像男性一樣想著自己的需求，追求求勝領先，打破無形的升遷瓶頸。新經濟時代的商業報導大聲疾呼要引爆變革、成爲自由工作者國度，但並沒有著力探討兩性所感興趣的目標有何不同。然而，我見過的多位嫁給了工作的女性都大費功夫把工作場所改造爲像家一樣的溫馨環境，把傳統妻子所扮演的角色和職責帶到了職場。女性不認爲工作場所一定要是冷冰冰的環境，一定只能有責任與義務的關係；她們在無形中和潛意識裡，把某些「家庭主義」（familism，作者註：這項觀察，最早是由 Ana Villalobos 向我提出）或「上第二個班」（second shift）的概念帶入職場。她們這樣的態度，與男性同事進入職場的方式就大大不同了。

狄索(Jan Dizard)以及蓋林(Howard Gadlin)在兩人合著的《極限家庭》(*The Minimal Family*)一書裡，把「家庭主義」解釋爲「互相之間的承諾、分享、合作、親密感」，這些感受是植基於「物質上和精神上的依賴與義務……家庭主義包含了關心、無條件的愛、忠誠，以及願意爲他人犧牲奉獻的情懷」。有趣的是，他們認爲家庭主義不見得只存在於家庭裡。他們指出，在殖民時期的美洲，家庭主義的特徵包括了家庭生活和社區生活這二者；但十九世紀的家庭主義完全只存在於家庭內：

> 大部分的美國人都習慣了區分何謂家庭關係、何謂非家庭的關係，認爲這兩者的差別是明顯易見的。然而，就算大家都知道家庭情感聯繫的重要性，但如何清楚劃分家庭和公共領域這兩者的界限則還是很新的議題……家庭主義隨著市場理性的廣泛蔓延而被擠出公共生活……家庭主義變成完全只跟家庭有關連。家以外的世界，可能是互不關心、不講道德、競爭激烈的；但在家庭裡至少還存在著合作、彼此關心和倫理道德。

哈奇斯爾德在《上第二個班》（*The Second Shift*）一書裡，顯示了今日許多職業婦女是如何背負著兩份工作：一份可以獲得薪水的工作，以及另外一份沒有薪水的家事與照顧子女的工作。根據哈奇斯爾德的估計，這種雙重工作使得「女性每週比男性多工作十五個小時。在一年裡，女性整整比男性多工作一個月，而且這一個月是三十個每日工作二十四小時的工作天」。最後她說：

> 大部分沒有子女的女性會比男性花更多時間在家事上面；有子女的女性則付出了更多時間在家事和孩子身上。就如同女性與男性之間有所謂的「薪資差距」，兩性在家庭裡也有「休閒差距」，大部分的女性都在辦公室上了一天的班，回到家裡再上第二個班。

主持了治療團體多年之後，我漸漸體會到，這些個嫁給了工作的女性在與工作定下無形婚約的時候，多多少少都自願——事實上，她們是熱切渴望在工作場所注入家庭主義和上另一個班的精神。許多女性似乎不願意只把她們的責任感、分享、合作、物質義務和情感義務、忠誠和願意犧牲等等情懷留給家庭，她們也把這些特質帶入了職場。令人訝異的是，她們也把上第二個班的態度帶入了職場。

在九〇年代中期，我帶領的某個心理治療團體自稱爲「鬆餅俱樂部」，因爲她們發現團裡八個成員都會自願掏腰包購買糕餅帶到公司去，這幾個女性漸漸在團體中敞開心胸，分享更多的自己，話題漸漸轉到她們是怎麼樣把「家事班」帶到工作中的。最先出現的是辦公室的清潔工作：她們多半會發現辦公室的清潔程度不夠，因此都會動手吸地、除塵、清洗廚房水槽或洗手間。許多人還從家裡把清潔器具帶到公司去。有一次的團體討論中，每一位成員分別談到自己每週用多少時間在想著下週該帶哪些吃的到公司招待同事，以及該怎麼準備，是該到 Cosco 大賣場用最低價買到最多的鬆餅呢，還是該花多一點錢在麵包店買好一點的鬆餅？說不定大家吃膩了鬆餅，也許這星期應該改買焙果；喔，還是應該花時間自己做蛋糕帶去，大家都比較喜歡自己烤的蛋糕；但是焙果的熱量比較低，而且，她哪有時間自己烤蛋糕？公司沒有把清理環境跟提供食物列爲她們的工作內容，但她們還是把這些事當成工作生活中的必要環節。

同樣的，很多像她們這樣的女性都習慣在工作中展現出家庭主義的作風：她們幫同事及主管過生日，邀大家一起寫卡片祝賀某人的生日、週年慶、小孩誕生、小孩畢業或升官；她們慰問喪家；她們常常帶電視節目的錄影帶給同事，交換ＣＤ、嬰兒衣服和食譜；她們計畫辦公室的聚餐、宴會和在公司外的聚會等等；她們喜歡聊八卦、傾聽別人的問題、用電子郵件或電話在晚上甚至週末繼續聊辦公室話題；她們常常幫老闆跑腿，去拿乾洗衣物、遛狗、照顧小孩或買食物。她們透過這些行爲展現出關懷、責任感、忠實、禮尚往來和願意爲他人犧牲的情懷。說她們像是在履行夫妻結婚時的誓言，可一點也不爲過。

沒有機會變回家庭主婦了

我的病人們把家庭主義和上第二個班的精神帶到公司，讓工作場所變得更有家的氣息、比較有親切感、比較女性化，一如女性向來被賦予的居家角色。在某種程度上，她們的表現是對於女性生活由家庭轉移到全職領薪工作世界的這一巨變做出了回應；然而，她們無形中所建立起的工作方式，是融合了家庭裡的價值觀和做法。這些病人跟過去那種家庭主婦媽媽之間只有一代之隔，因此對於家庭與工作的分野、私領域與公領域的區隔並不很清楚。

學者哈奇斯爾德提到：「各階層的女性、從事不同工作的女性，她們都面臨同一個問題：『在這個朝九晚五或朝八晚六的工作時代裡，我該如何保留母親或祖母那一輩的家事文化？』」她接下來表示，女性透過「上第二個班」來完成上述任務：「在週末和假日，大部分的職業婦女就搖身變回家庭主婦……想辦法延續這個家事文化，也就是繼續烤蘋果派、自己縫製萬聖節服裝，並且親手燙襯衫。」

我的看法是：從哈奇斯爾德在一九八九年提出了這樣的觀察之後，女性更沒有機會變回家庭主婦了。她們花在工作上的時間更長，投注在家裡的時間更少，家只是燃料補給站罷了。許多女性因此把家事文化帶到工作上，把母親或祖母在家的那一套傳統搬進公司，爲同事烘烤蘋果派（例如蜜雪兒），計畫公司的萬聖節雕刻南瓜比賽（例如莎拉），爲老闆到乾洗店拿衣服（例如布蘭達）。

從十八世紀晚期開始，男性離開農莊，進入工廠、辦公室和城市，這風氣在整個十九世紀繼續延燒。因爲工業化之故，男性被隔離在家事之外，家事領域漸漸變成「女人的事」。工作生活變得逐漸疏離、競爭程度增強、沒有個性特色、契約化，在這樣無情的世界裡，「家」成了避風港。而這個避風港由女性負責維護，她們努力把這塊地方「保存得像過去的生活那樣」，哈奇斯爾德如是說。女性藉由維護農業時代的價值觀和做法，爲她們的先生與子女提供了一塊緩衝地，讓他們在面對逐漸冷酷無情的新世界時，仍能有一片喘息的空間。

今天，女性在職場所面對的世界，講求的是自主、競爭、自我行銷。爲了面對這種變遷，許多女性就在工作中採用了一種比較接近過去時光的適應策略。她們把家庭主義和家事班的元素引進工作，讓職場更像家、更溫暖，提供自己和同事主管一塊緩衝地帶，於是許多人就從「住在家裡」變成了「住在工作裡」。

我們當然可以把這些行爲想像得感性而浪漫，並且肯定她們的做法對於工作場所是有好處的；但我們也必須承認另外一個重點：家庭主義和新經濟秩序這兩者基本上是互相衝突的。一個以追求最高利潤、講究競爭、契約關係、強調風險和變化爲主要精神的新經濟系統，基本上就跟忠誠、義務、合作、爲他人犧牲等精神是對立的，而這些元素卻正是家庭主義的特性。由於有這些基本的對立，女性若嘗試把職場建立成一個禮尚往來的、互相關懷的「家」，最終不免會遭遇到情感的背叛。把上第二個班的精神帶到工作中，促成了女性與工作的婚姻，也把她們置於一個不利的地位。

前述「鬆餅俱樂部」裡的領導成員莎拉，自告奮勇負責籌辦公司派對和員工慶生會。蜜雪兒每個星期一帶著自己烘焙的蛋糕到公司；碧雅幫同事掩護做工作；布蘭達幫老闆遛狗——當這些女性在做這些事的時候，我相信她們的管理階層甚至某些同事在某種程度上是看不起她們的，因爲，她們這種舉止更彰顯出她們家庭式的、女性化的、母性的特質，這些特質固然迷人，但另一方面則顯得是過時而有損個人價值的做法。當然同事會找她們作伴或尋求支持，主管會找她們做額外的工作或處理個人私事；但我相信，她們會被視爲理所當然，就像媽媽的付出往往被視爲應該。這些女性的關懷似乎是不設條件的，甚至是免費提供的；她們想要討別人歡心，卻使得她們容易被利用。她們扮演了比較傳統的女性角色，卻似乎讓職場上其他女性覺得不舒服。

在參加團體治療六個月之後，碧雅清楚看到了自己的遭遇：「我想這些女孩可能認爲我太像她們的老媽了。我女兒告訴我，現代女性在工作上是跟男性公平競爭的。她們可能覺得我太刻意討好男性醫師們了。」

在今日的職場，一個工作者若太被人看成是傳統女性，這句評語等於表示你不會被認眞對待，也比較不容易在這個與家庭主義相反的工作世界中得到晉升或更大成就。因此，當我的病人們把她們的工作場所弄得更有家的味道，她們這些動作將會造成自己的矛盾，使自己在該獨立或者該依賴的這兩端之間擺盪。她們把家庭主義帶入職場後所陷入的困境，就像雜誌《眞實》（*True*）一九七〇年十一月號上，哈奇斯爾德對此所做的精簡描繪：

> 通勤列車上擠滿了企業人士，人人讀著報紙或辦公室的備忘錄。一個神情困惑的中年家庭主婦在通道間來回尋找她的先生。她身穿浴袍和毛茸茸的室內拖鞋，頭髮上還有髮捲，手裡拿著先生忘了帶出門的公事包。她先生躲在座位下，因爲妻子看起來太可笑又格格不入而覺得非常丟臉。通勤列車上西裝筆挺的人，手拿備忘錄，或讀著報紙，是他們決定了什麼叫做可笑。他們代表了城市的風格，那位家庭主婦則代表了鄉下人的風格。

布蘭達、莎拉、蜜雪兒和碧雅都不是家庭主婦，但她們在職場上的行爲也可說是不合宜的，因爲家庭主義和上第二個班的精神是跟「家」有關的；而，家，最終就讓人想到了依賴、照顧、浴袍和毛茸茸的拖鞋。儘管現在穿正式服裝上班的人少了，但T恤牛仔褲畢竟不是浴袍。爲了工作，我們多多少少都得否認自己需要得到照顧，需要依賴別人；在這個否認的過程中，許多人可能不願意跟任何會讓人聯想到依賴的東西有太密切的關係。

因此，把家庭主義和上第二個班的精神帶到工作中，可能會造成兩種結果。第一，經過一段時間，也許這些做法眞的可以改變所工作的場所。當人們在家裡的時間變少，工作的時間變長，於是家庭主義可能會逐漸融入職場運作。事實上，這在某些層面已經發生了。團隊合作、表揚大會、把寵物帶到公司、福利措施，都可說是新經濟時代加入了家庭式文化元素的象徵。企業爲了吸引並留住女性員工（到二〇〇五年，女性員工將佔美國勞動人口的四八％），雇主很可能會讓工作環境更能做到吸引女性。而且，如果美國人在未來的工作時數仍然比各大工業國家還要長，那麼不管男性女性都會逐漸需要把家的元素轉移到工作中。

然而，這種做法也可能會對於員工和公司都出現不利的後果。從我病人的案例看來，在工作上展現家庭主義通常會蓋掉工作與家的界線，也讓人看不清什麼是眞正的婚約（以互相關懷與照顧的眞誠承諾爲基礎），什麼是所謂的獻身於工作的約定（根植在不平等、權力、因功利現實考量而展現的關懷，例如吸引並留住員工、引誘她們工作更長時間）。正是因爲這種認識不清，所以我的病人在發現了自己在家事班的付出不受肯定的時候才會如此震驚。她們覺得受到背叛，無法理解雇主爲什麼完全不在意她們。她們通常無視於公司在本質上就是需要賺錢的這個現實，只陷溺在自己的家庭主義作風裡面，到最後演變成無法或不願再待下去。

這些離開職場的病人們，在撤退的同時，也帶走了她們以一個辛勤付出又無比忠誠的員工身分對於公司所做的貢獻。她們的離開不但對於生產力造成了負面影響，也抽走了一些公司文化：這下子，沒有人籌辦公司派對或買鬆餅，沒有人眞心傾聽心事與問題了。也許會有某些同事以複雜而矛盾的情緒看待她們，但大部分的人都以感傷的心情來懷念我的病人們帶到職場的家庭主義——這在碧雅的身上看得很明顯。當初排擠碧雅的那些同事，都送她鮮花和卡片表示深感遺憾，她的直屬主管醫生甚至哀求她回來上班。

「B醫師（那個不願介入碧雅與同事們瑣碎小事的醫師）後來打了七、八次電話給我，一直說他不知道沒有我該怎麼工作下去，問我是不是想加薪，問我有什麼事他可以幫上忙。但，妳知道，他本來有機會幫我忙的，可是我現在完全沒興趣了。」

案例　英格麗想用男性的方式成功

很明顯的，在回應今日職場的要求時，並不是所有女性都嘗試要把家庭文化的特點和做法搬入職場；有另外一群女性採用了截然不同的態度，她們是完全斬斷自己與家庭主義或家事工作的關係，避免與任何跟「家」有關的事務產生瓜葛，自由自在地全心工作。

英格麗正是最佳範例。第一章曾談到，英格麗得到企管碩士的學歷之後，進入矽谷的頂尖公司工作了四年；接著她加入了一家新創公司，目前股票已經上市，相當成功。英格麗三十九歲開始接受心理治療，那時她的職位是副總裁，除了工作，沒有任何嗜好或是跟人有關的連結互動。英格麗以工作為全部的生活，徹底撲滅掉一切有關家務或家庭主義的吸引力，並且儘可能向其他男性主管看齊。她這樣的策略不只是出於個人的抉擇，她的工作也赤裸裸表示需要她這麼做。

英格麗一九八七年接下了第一份全職工作，擔任管理職，當時她二十七歲，年薪八萬美元。在工作的頭六個月裡，公司指派了一位教練來協助她在管理工作上進行得更有效率。這位教練教了她很多，比方說應該如何坐下。教練告訴英格麗，她常在會議上表現得太急切而焦慮了；她坐在椅子上的時候，身體不應該往前傾，而要往後坐，表現出輕鬆的樣子，有時候甚至可以把雙手往後擺，環住椅背。教練還告訴英格麗，她使用的語言也有必要改進，應該避免使用「我覺得」這樣的詞彙，而應該使用「我認爲」；發言時應該簡短有力，並且多使用陳述性的語句。她應該快一點講出重點，並且就算心裡不是很確定也要在口氣中露出明確感。另外，穿著也很重要，她應該少穿柔色調的衣服，尤其不應該穿粉紅色，最好穿中性色系，這樣才不會讓人注意到她的衣服卻忘了她的主管地位。當然，任何情緒性的反應都應該避免，也應該注意自己的隱私，不能讓自己成爲同事閒談八卦的話題。

英格麗毫不猶豫採行了全部的建議。事實上，她覺得非常丟臉，自己竟然需要雇主這樣指派教練來教她這些。這使她認定自己的表現不得體，她表現的方式比其他同事差勁。可是她居然從來沒有想過她的同事清一色都是男性。英格麗渴望能夠融入環境，表現出值得接受的模樣，然後被大家接受。她找到的這份工作是MBA同班同學裡面最棒的幾個之一，她非常渴望能夠待下來，往上爬。她從來沒有想過，她需要教練是因爲她是女性，而不是因為她這個人哪裡出了錯。

英格麗先是一週來一次，後來變成一週兩次，在這些一對一進行的心理治療時間裡，她逐漸放鬆自己，並且說到了是哪些問題使得她決定要尋求協助。她深受失眠之苦，每天都頭痛欲裂。她的腸胃也不好，每天都得服用大量的制酸胃片。開車的路上，她發現自己有時會想從她每天需要經過兩次的那座橋往下跳。我問她：「妳面前閃過這些念頭之前，妳心裡在想什麼？」她告訴我：「我不知道，我什麼也沒想。」

在每一次與她會談之前，我都不太確定那個走進來的人會是哪一個英格麗。剛開始（後來偶而還會出現），一個專業、防衛心很強而自信的英格麗，會花很長時間對我細訴工作上的種種，像是工作趣事、她派任務給另外一位副總裁或執行長等等；在這種時候的她自信而得意、傲氣十足地站在最高點。但有些時候，她又會顯得非常無精打采、困惑而灰心沮喪。她令人豔羨的薪水和地位，富有挑戰性的工作，屬於自己的房子和BMW跑車，她的美麗外表和亮麗衣裳——擁有這麼多，還有什麼好抱怨的？當她問出了這個問題，我得壓抑自己很想脫口而出的那句話：「生活！妳缺的是生活！」

英格麗已經遠離了屬於情感面的生活，才會看不出自己還缺少什麼，看不出可以如何改變生活。因爲她花了十二年時間把自己完全獻給工作；她只有工作，別無其他。自從公司指派一位教練給她之後，她便產生一種想法：她最基本的特質（例如她走路的樣子、看起來的樣子、說話的樣子等等）是有缺陷的，因此必須設法隱藏起來或者設法改變。此外，在改變和隱藏這些特質的過程中，英格麗似乎宣告放棄了她所有的女性特質，也放棄了自己與家事文化的任何一絲關連。她的家，變成她準備工作、或工作後休息的休息區。她幾乎不跟朋友家人聯繫，最可悲的是，她失去了能夠發現「那些事情很重要」的自覺能力，也無法體認到，她就是因爲缺乏了這些很重要的東西，才會夜夜失眠、胃痛，甚至偶爾想要自殺。

當然，英格麗的情況是很極端的例子，但類似的情況在那些把當主婦的精神帶入工作場所的女性身上是很常見到的，而且比想像中普遍。驅策英格麗工作的動機，跟那些職務階層較低的女性（如蜜雪兒或莎拉）一樣，都是因爲想要取悅別人、想要得到歸屬感；只是英格麗採用了不同的策略，這跟她的位階、教育程度和職業有關。英格麗被第一份工作影響，不得不採用男性化的風格和觀點，但在那個不得不的背後有別的原因，一來是英格麗事實上也希望能融入環境，被接納；二來，這個工作環境完全從競爭和自主出發，完全排除個人感覺或者任何家事文化的氛圍；英格麗爲了成功，別無選擇，只能把家庭主義拋在腦後。她的做法實在太徹底，因而引發了生理上的身心失調症狀。她不知道自己到底放棄了什麼，於是身體就開始反抗；有時候，這些無言的抗議實在太過強烈，但她又不知道原因，於是她認爲唯有一死，開車往橋下一躍，才能鎮壓這些內在衝突。

英格麗埋藏了自己對於依賴的需求，她所使用的方法比男性同事還要極端。這些男性同事都有妻子（多數都待在家裡）或是同居女友，這無疑讓他們在面對企業生活的嚴酷現實之際仍能保有緩衝之地。不管新經濟時代的工作環境變得多麼輕鬆有趣、多麼像家，它都刻意避開了情感，轉而要求人人必須獨立自主、充滿自信、承擔風險，並在主管認爲必要時就得展現出十足的彈性。英格麗在這方面是落於比較不利的情勢：她工作的方式把她與別人都隔開了，而她沒有妻子可以作爲緩衝。她的世界裡沒有人對她的生活細節或感受有興趣。她在嘗試一件不可能的任務：她想用男性的方式，在男性的世界裡成功，但她沒有男性賴以在工作上有效運作的那些情感支持和實質支援。

那個問題沒有名字

我漸漸發現，這個沒有名字的問題已經在美國無數女性的身上出現了⋯⋯人類受苦總有個原因，這原因沒被發覺，或許是因爲沒有問出正確的問題，也可能是我們追究得還不夠徹底。有人說，現在的美國女性擁有過去時代、其他地區的女性作夢都想不到的奢侈權利，所以她們是完全沒有問題的；這種觀點我不能接受。這個問題之所以新奇，部分原因在於它不能被當作是古老的物質問題（如貧窮、疾病、飢餓、受凍）來理解。

芙萊登

一九六三年，女性主義作家芙萊登（Betty Friedan）出版了《女性的奧秘》（*The Feminine Mystique*）一書，此書對於日後的女性主義運動很有影響力。芙萊登對彼時女性的處境做了深入探討，宣稱美國女性罹患了一種叫不出名字的身體不適（malaise），這種不適現象，是從身心失調、診斷不出來的沮喪、極度依賴鎮定劑、對於各種活動或責任顯得興趣缺缺等等現象共同展現出病徵。令人意外的是，這個不適症的產生並不是因爲這些女性沒有做到該做的事；相反的，她們過的是多數女性理想中的生活：住在城市郊區，是家庭主婦兼全職媽媽，不需要出門工作，把全副心力用在教養小孩，並且給丈夫一個舒適的家。芙萊登談到，這些家庭主婦的不適症狀大多是種無言的抗議，抗議二十世紀中期的美國女性所受到的限制。五○、六○年代的家庭主婦，被迫把全部心力放在家裡，只能用主婦這個角色來表達自我，「她們非常害怕問自己那個默默存在的問題：這就是我人生的全部了嗎？」

從許多方面來看，這個沒有名字的問題，傳達出某些普遍存在的社會心理衝突；這些衝突表現爲一連串的生理或心理症狀，但當事人並沒有意識到這些衝突的存在。從這個角度來看，十九世紀晚期的歇斯底里症狀就反應出了一個沒有名字的問題。歇斯底里症在中上階層的女性身上出現各種奇特症狀，集合起來統稱爲「歇斯底里」；但找不到社會學方面的原因來解釋這些症狀爲什麼會出現，最後僅僅被解釋成是個體的精神異常。由於歇斯底里患者——二十世紀中葉的家庭主婦也是這樣——通常符合了社會對於女性所提出的要求，因此，導致她出現身體不適的社會因素仍然隱晦不明。既然問題最終乃在於社會文化針對「如何當女人」這件事所提出的基本定義，那麼患者和治療者也就無法看出她們痛苦和症狀的眞正根源到底是什麼。如果她圓滿扮演了她的角色——一個被視爲自然形成的角色，那麼她的不適症狀若不是出自心理就是生理，卻沒有深入檢驗「角色」這回事。

今日，嫁給了工作的女性，也可以說是在一個沒有名字的問題裡面受苦。她們是成功的，不僅因爲她們擁有一份可以賺錢的工作（這是所有美國人的期望），而且她戮力工作、全心付出、忠誠、願意更上一層樓、願意爲雇主犧牲自己的需求。她的表現充分體現了美國人的工作價值觀。所以，當女性因爲工作而出現了身體不適、沮喪、恐慌、自殺的念頭等等，這問題一定是**她個人**的問題。

她接受了心理治療，她並沒有破口大罵工作上的霸權主義，沒有指責我們的文化把工作當作生活，沒有抱怨我們的生活方式就是這樣缺乏彼此的關注。相反的，她拖著她的症狀前來，認定自己是個失敗者，滿心困惑，不知道自己到底怎麼了。她的問題似乎沒有一個名字。她爲什麼這麼沮喪？這個問題，對於成功的女性（像英格麗）來說，簡直不知該如何回答才好。如果她被調到另外一個薪水更高的工作（如同露芭），那麼不管如何回答，她看起來都會像是個忘恩負義的人。如果她的主管（就像葛瑞絲的主管）對於她的健康漠不關心，或是同事不邀請她共進午餐（如碧雅的處境），她說出來的答案會讓她看起來非常可笑。她被要求要在一個缺乏體制性支援系統的環境理不斷地工作，她沒有得到關注，更沒有得到經濟保障，但這些難題都沒有被提出來討論，因為——今天，在美國，用這樣的方式工作是順理成章的，是老天指示的。

新工作人的中性色彩

這裡面有個值得思考的問題：我們現在用新方式加以規範成形的工作秩序，是否比較適合男性而非女性？我們已經知道，新經濟需要的工作者是能夠展現彈性、接受風險、願做短期承諾的人，而不再要求他們恆久穩定和長期效忠；員工都該把自己完全投資在工作上，一待任務完成就該完全放手；員工要依靠自己，行銷一個叫做「我」的品牌，同時展開雙手擁抱變革；不但要接受變革必然發生的現實，也要認為凡是變革就都是好的——這一切，是在沒有州政府、家庭或社區提供的經濟支援或情感後盾的情況下完成。引領變革的人，被視為自主性的象徵，顯示此人在任何環境下都能獨立運作，只想著如何用更好、更聰明、更快速的方式工作。這種新人類通常被塑造成「中性」，這一點可以在管理學大師彼德斯眼中的「新工作人」中顯現出來。

在新經濟秩序裡備受尊崇的彼德斯曾說：

> 世界刻正遭逢千百年來所僅見的徹底變革……你想成爲其中一員，成爲完全擁抱變革的參與者嗎？現在就有機會讓你加入這個可愛而混亂、名爲「大家來重新創造世界」的遊樂場。
>
> 以下是我稱爲「偶像女性」(Icon Woman) 的模範角色：
>
> 工作讓她覺得興奮！
> 工作很重要！
> 工作酷斃了！
> 她當著你的面！
> 她是冒險家！
> 她是自己生命的執行長！

她不是上帝，不是機械人女性。她決心要改變世界！

我的偶像女性當然擁抱網路，善用網路。

她透過網路送出個人履歷表，並且隨時保持更新……

她在網路上創造並指導著發光發亮的案子，與散居全球各地的團隊成員一同完成，

而這些成員她大部分沒有見過……

她完全投入她自己規劃的生涯發展，在哪裡都可以，跟誰合作都可以……說到安全感從哪裡來，她只需要知道自己樂於成長，並且擁有優秀的虛擬全球團隊就已足夠。

在這幅二十一世紀工作人的肖像裡，彼德斯筆下的行動英雄，體現了新經濟裡最極致的風起雲湧、自由奔放和能量十足。這個偶像女性當然是不需要依賴任何人的；她住哪裡、跟誰同住都不重要，她唯一的使命就是要爲了變革而變革，而且是放懷變革。很難想像這些勇猛而不帶感情的「機器人」會懷疑自己，更難想像它們會有什麼個人煩惱。儘管我們沒辦法嚴肅地把「偶像女性」的說法當眞，但彼德斯的奇想並非出現在沒沒無名的網路雜誌上，而是《時代》雜誌的封面故事：「二十一世紀遠景：我們的工作，我

們的世界」。「偶像女性」可能不是一則字字都會成眞的預言，但暗指了二十一世紀的職場逐漸期待員工具備這些特質。

我們懷疑，會有多少美國人眞心嚮往「偶像女性」那樣的人生，也無法想像有人希望變成那種行動英雄。然而，「偶像女性」所誇示的特質，確實可以指出新經濟時代的某些理想典型。我們看著這些典型，不妨問問自己，這個「新模範」，這個偶像式的未來人物可當眞是個女性？會不會，這角色更像是個男性？「偶像女性」是不是比較像男性存在的方式，而不是女性？

在我看來，這位「偶像女性」沒有小孩，也不需要負責任何照顧別人的責任；也就是說，她代表了完美的美國工作者形象，**她完全沒有包袱**，除了工作以外，沒有任何事情可以攔住她不斷地因爲工作而「覺得興奮」。她看來跟那些「大部分沒有見過的團隊成員」並沒有任何情感上的需求，她獨立自主，充滿自信，「當著你的面」堅持到底；而且，她顯然不需要安全感。她的重心，她的最大需求，顯然只在於維繫一個「優秀的虛擬全球團隊」和「樂於成長」。

這，是適合大多數女性的榜樣嗎？

女性已經要養育子女、照顧那些無法照顧自己的親人了，她們在新經濟時代裡，還可能跟男性一樣的自由並承擔風險嗎？由於待遇的不平等和就業機會的不平等，再加上單親媽媽的家庭越來越多，女性眞的可以不理會自己對於安全感的需求嗎？這麼多的女性背負了上另一個家事班的責任，或者主動希望上另一個家事班，她們眞的能像那些比較沒有牽絆的男性一樣投入工作，成爲「完全擁抱變革的參與者」嗎？她們眞的能像「偶像女性」那樣重視自主性、不與別人產生聯繫嗎？大部分的女性會喜歡團隊夥伴都只存在於網路虛擬空間嗎？

女性天生就與家庭主義綁在一起，因此大多數女性背負著比男性重的包袱來到職場——我相信，這是很大的差別。

想到了布蘭達、莎拉、露芭、瑪麗安、葛瑞絲、蜜雪兒、泰芮、琳、碧雅的經歷，想到了她們需要覺得與別人有關係、有所歸屬、需要幫助別人，這時我就沒有辦法想像那個「偶像女性」能夠存在；我只能想像這位「掌控自己生活的執行長」會非常輕視布蘭達她們和她們的情感需求。我想到英格麗，她算是最接近「偶像女性」的例子了，但我看到她爲了接近主管的理想典範而用力拋開自己在情感上的需求；她學會了用各種方法來輕視自己的需求。

如果女性眞的比男性在意工作上的情感連結和經濟上的安全感，如果女性比較希望能夠在工作上找到互惠、分享、合作與承諾，那麼她們在新經濟秩序的形成中是否就居於劣勢了？這種與別人不一樣的打進工作場所的方式，會不會讓她們成爲笑柄，取笑她們沒有向榜樣看齊，而這榜樣對男性來說是比較容易達成的？現在這個沒有名字的問題，會不會多少也是因爲女性輕視了自己在適應新經濟工作環境的過程中所遇到的困難？

這些問題，使得我開始懷疑，女性看起來比較容易嫁給工作的這個現象，反應出了新經濟時代裡的性別不對稱。現在的工作秩序既不是中性，也不是樹立一個女性作爲未來的典型人物，而是它根本上就比較適合男性發展。

正如哈奇斯爾德指出的，「今日的美國經濟發展有兩種，一種是『男的』，一種是『女的』」。延續她這個說法，我會主張，女性和男性各自帶著不同的心理與經濟需求來到職場尋求滿足。由於女性負有照顧子女的責任，由於她們在薪水和工作機會上的不平等，由於能提供穩定力量的體制和後盾的逐漸減少，這種種趨勢都使得「女的」新經濟更具挑戰性，但前途更悲觀。我並不是說全部的男性都比全部的女性過得輕鬆，我的意思是說，在「適合度」的這個尺標上，若要量度誰比較適合在新經濟裡生存，那麼女性的適合度可能會比男性稍差一些。也許因爲女性的需求與新經濟的期待實在無法對齊，無法接準，於是我們在二十一世紀面對著一個新版本的，沒有名字的問題。

6 發現自己的眞實

談話，始終是最不可或缺的革命工具……大家討論、爭辯，甚至天馬行空說著可以做出一些什麼和願意做些什麼——這樣的養殖土地，是社會根本變遷的萌芽之處。

范圖拉（Michael Ventura）

從職場流亡的人第一次來到我這裡時，每一個人覺得破裂、悲傷、不敢置信、痛楚和覺得被欺騙的程度不一。鞏固起她們自我的黏合劑如今已乾涸，她們通常找不出適當的字眼來形容自己的遭遇。她們常常掉淚，或重覆說著同一句話（例如「都沒有人在乎！」），或是出現一些生理症狀。她們不懂，這個社會把工作當成生存的重心，但在她們被工作背叛或失去工作的時候，社會又說這還不就是一個飯碗而已。她們從自己所處的深淵看著我，想找到一些什麼東西，卻不知道是在找什麼。於是我知道我的任務非常簡單：給她們一些字句。

把你的感覺說出來

字句，擁有「安頓」的功能。字句，把我們「放置」在某個地方。當我們失去了立足點、生命重心或是情感依歸的時候，字句是一片穩固的大地；字句給了那些沒有形狀而難以克服的東西一個形狀。最重要的是，字句讓我們與別人接上線，讓我們進入群體，讓我們在群體裡面覺得自己不只是一個集痛苦和紊亂心緒於一身的人，我們不只是眼淚、憤怒、痲木。字句是開端；而只要有開始，就有希望。

我們缺乏一種語言來精準描述美國人對於工作的執迷。我們說，我們每天把這麼多的自己與時間投入工作是非常合理的行爲——因爲我們要賺錢，要豐富個人歷練，要強力促銷「我」這個品牌——假如是這樣，那麼許多人在工作中所懷抱的情感需求就完全沒有被指認、被描述出來。一旦我們沒有適當的字句可以形容，我們就不具有自我認識。我們爲同事烤蛋糕，但說不出自己爲什麼要這樣做；我們想也不想就把公司的標誌穿在身上；我們在公司待到晚上十點，不斷修修改改，想把報告做到最完美，但完全不去想到底是什麼原因驅使我們這樣做。在大廳碰到老闆但老闆沒注意到我們，我們就擔心是不是自己出了什麼狀況，卻不會停一下問自己這件事有那麼嚴重嗎。我們找不到字眼來讓我們了解自己究竟渴求什麼，究竟是什麼樣的需求在我們心中喧譁，想爭取別人的注意。假如沒有對於自我的了解，我們等於把自己變成雇主的「機能」；我們需要受肯定、被接納、被認同和得到安全感，但這些個人需求，悄悄地與雇主對於一個士氣高昂而徹底投入的工作團隊的需要合而爲一了。

「嫁給工作」這句話，可能不足以完整描繪出人們轉向職場尋找情感上的滿足的種種過程與經驗，但我認爲這個表達方式可以形成一個語言的背景，因爲「結婚」一詞的意義裡隱含了高度的情感承諾、忠貞、排他、安全感、互惠、個人認同、社會接納，以及得到關心和支援。一旦我們把上述這些特性與工作放在一起，也就把一種可以描述心理活動的語言引進了職場；在這麼做的時候，我們就爲我們的自我認識鋪設下根基，開始檢視是什麼動機使得我們投入這麼多資本在工作上。

本章將要試著幫助讀者用字句講出這個還沒有名字的問題：本章會試著讓雇主知道，自己可以從哪些方面來觀察員工是否嫁給了工作，以及萬一這場「工作婚姻」眼看著要以離婚收場的話，這些員工該怎麼辦。

很多人常常問我，要怎樣看出自己是不是對工作投注了過多的情感。我的回答是：先想像自己辭掉現在這份工作，深入體驗一下那會是什麼感受：你是會覺得解脫、勝利、自由、充滿希望？還是覺得愧疚、如喪考妣、孤單、害怕、生活沒有目的、不知道自己是誰？如果是產生後面這一組的感覺，那麼我們很有理由懷疑：你可能對工作投入了過多情感。

爲了讓你更淸楚一點認識到自己是不是嫁給了你的工作，請先做一做附錄的自我測驗（見第301頁）。

一般來說，很重要的是能夠用字句——不管是使用語言或文字——來表達出究竟是什麼東西讓自己黏著這個工作場所。那個東西，是工作本身，還是別人的肯定與稱讚？

會不會是想要加入一個受敬重、有聲望的成功企業，成爲其中一員？這個工作場所是不是讓我們得到了我們在自己生活裡得不到的人際連結？說到底，如果我們偏好工作，而不喜歡其他的生活內容，我們就很可能訂下了某種形式的婚約盟誓。

瓊安曾經在一家大型製造業公司擔任人力資源總監，她來參加我的團體治療課程很長一段時間了。她回憶：

「我清楚記得我被打倒的那一天。我站在公司的夾層樓間，往下看著公司的地板，心想：『我在乎這個地方的程度，超過我自己的家。』我自己的家！我住在自己家房子都十八年了。那一刻，我眞的滿心驕傲，眼淚幾乎奪眶而出。這是『我的』公司。我激動得說不出話來。」

我問瓊安，她以前曾經有過這種感覺嗎？她說有，「在我孩子出生的時候」。

聽她這麼說，我想，瓊安能夠用字句描述自己是因爲什麼而感動、充滿驕傲，以及爲什麼她關心公司的程度勝過關心自己的家，這對她很有幫助。她對於雇主的認同和她把公司當成是「自己的」的心情，塡滿了她心中某種未明說的情感需求，那是瓊安以前沒有意識到的需求。因此，瓊安被裁員時，她不但丟了工作，也失去了身分認同和她比較心愛的那個「家」。

露芭說：「我從來沒有問過自己，爲什麼就是不能從工作中走開。爲什麼我要這樣急忙衝回家，打開電腦查看有沒有跟工作相關的電子郵件進來。我想，如果以前就有人問我：『露芭，你在做什麼？你在逃避什麼？』也許我那時候就會看出一些那之前我沒有看見的東西。」露芭這番話，我的理解是：如果她過去曾經必須用字句表達出自己的行爲舉止，她確實可能可以在那時候就看清眞相，認淸自己。然而，她一直只爲了工作而活，直到一九九八年三月六日那一天，她突然被轉調到另外一個工作小組；直到她因爲手的職業傷害而離職，並且在加入了團體治療而必須講出自己是爲了什麼才嫁給工作，這才有機會看淸事實。

有一次，我在某個治療團體裡發下本書附錄的那份問卷，當作是小型研究測試，瑪麗安忽然大叫：「賓果！我就是這樣！我眞的覺得我能找到那份工作算是我好運。」克服了人生種種困難艱辛的她，認爲能夠被費登公司這個大家庭雇用，她眞是天底下最幸運的人了。我問她有沒有跟任何人講過這種幸運的感覺，她回答：

「才沒有呢，我最討厭被人家當作『成功典範』了。我告訴自己，只是一個工作，沒什麼大不了。但我的內心根本做不到。我總是偷偷想著：『這眞像一場夢，不可能是眞的。』但是沒有人知道這件事。天啊，我想我一直沒有對自己坦白承認過，其實內心深處我覺得自己不配擁有這份好工作。」

如果瑪麗安以前就能夠把她認爲自己不配的感覺訴諸字句，她就會發現，她把公司和主管比爾都過度理想化了。她這種認爲自己不配擔任業務經理的感覺，使得她對於比爾對她的評價過於敏感，於是在比爾對她的工作有所質疑時，就碰觸到了瑪麗安心中自認「不配擁有這工作」的深沈恐懼。這股恐懼是她的主要動機，但她沒有察覺，也沒有表達出來。

用字句把感受和行爲動機表達出來，並朝向認識自我的方向而去，將可帶領我們逐步認識到自己到底是爲工作而活，還是爲了生活而工作。爲了能進入這個過程，我們必須有一片可以自我反省的天地：用一段從容的時間安靜檢視自己的內在，保持好奇；唯有在這種不需要斤斤計較的時間裡（有人說這是休閒時間），我們才能深入內心，看見自己行爲底下的想法、自我認識和個人認同。

反省的第一步

過長的工作時間、各式電子鍊條，以及一個執迷於工作的社會文化，在在阻礙了我們撥出時間反省自己。如果我們沒有找一個空間把自己的行爲、思想和感受放在一起思考，我們就等於是東西，是物件，是機器裡的齒輪，也就是「手段」，而不再是我們自己這個人了。我們任由自己被工作場所宰制，因爲我們是平面的，沒有立體深度的。因此，爲了重新掌握我們的自我認同，我們必須抵抗那些侵蝕了我們時間的因素，營造出一個空間來眞正認識自己。

以下幾個方法可以讓你跨出思考這個問題的第一步：

- **設定清楚的界線**。在被要求加班、增加工作量、或執行工作職責以外的事情時，想一想這樣會蔓延成什麼樣的後果。問問自己：爲什麼要答應？如果不答應，結果會怎麼樣？
- **每天都在固定時間下班**。切記：在工作上花的時間越多，就越沒有時間給家庭朋友，或從事各種活動，從活動中得到自尊，感受到工作外的自己。我有一些病人會刻意把心理治療的時間安排在傍晚，這麼一來就一定要在固定時間離開公司，保留一些時間給自己。

・**每個上班的日子都撥出一小段時間**（至少十分鐘），**思考自己的行動、思想和感覺**。對於自己的動機、反應和渴望都要充滿好奇，不斷探索。把自己抽離出所處的環境，站在外面觀察自己，採用心理治療領域所說的「觀察自我的自己」（observing ego）的角度來看自己。午餐時間到公園走走；開車上班的人，在進辦公室之前不妨在車裡多坐一會兒；休息時間趴在桌上；上班時偶爾到辦公室附近的街角走走；搭車通勤時寫寫日記。

・**對於各式電子鍊條的使用設下限制**。如果你在工作上不需要隨傳隨到，那麼你就不要不時就去檢查電子郵件或是語音信箱。如果你發現自己在空閒時候也會不由自主想要工作，那就問問自己，你的生活裡是不是失去了些什麼。如果你發現沒有跟工作保持電子聯繫就會覺得寂寞或無聊，那麼你就要問自己，你的個人生活中到底缺少了什麼。

・如果你內心並不情願幫別人跑腿、買麵包、辦聚餐，那就花時間思考一下，**是什麼原因驅使你答應去做那些事**。你是不是缺少工作之外的社交活動？你是不是沒有關心工作外的親人朋友？你在工作以外的事情裡是不是被重視或肯定？

・**每天找出一段時間，完全離開工作場所**。你可以在午餐時間離開辦公室，完全不管工作，這有助於建立起「情感界線」，讓你參與其他活動，或者思考工作以外的事。

・**你最要好的朋友也是你的同事嗎**？我們都需要跟工作以外的人有所連結、互動跟支持。如果工作上發生了壞事或讓人難過的事，我們需要有人聽我們講話，給我們意見和支持。如果這時候轉向同事求援，常常會讓工作更困難。在今日階層式的工作環境裡，人人都爲了爭取主管的關愛、讚美和晉升而競爭，這種情況下，友誼是很容易變調的。

・假如你在掙扎著該參加一個跟家庭或朋友有關的活動（例如孩子的足球賽、朋友的聚會），還是該參加一個與工作有關的活動，最後你選了工作這邊——這時**問問自己，爲什麼會做出這個選擇，你一定要去嗎**？如果你非這樣選擇不可，那麼你應該要重新評估一下這個工作，或者思索你爲什麼需要在這份工作上投注這麼多的時間心力，犧牲家人朋友也在所不惜？

・**休個假**！美國人的年休假日數不算多，卻還漸漸變成可用假數都用不完。即使不去旅行，也該偶爾休息，補充能量，參與一些讓人開心的活動。

・如果上班的時候遇到一件事使你感覺沮喪，就試著把感受用電子郵件寫下來，寄給朋友或家人；或者寫在日記裡，並且試著整理出自己爲什麼有這樣的感受，並列出幾種方式告訴自己你可以如何面對。下班後，跟家人或朋友談一談這個問題，或是找心理治療師談。**千萬不要忽略、否定、輕視自己的感受。**

用談話帶來改變

如果會發生改變，它會發生在地面，在我們對彼此說出內心需求的時候發生。改變，不會來自人民的暴動。

森耐特

萬一你眞的是跟工作結了婚，會怎麼樣？假如你剛跟工作離婚，你該如何讓自己從被背叛的情緒中走出，逐漸復原，繼續向前進？

假如你承認自己與工作結了婚，或者承認自己在工作上碰到了危機，那麼你就有機會來一場大幅度的改變和成長。人在降低了防衛心之後，會比較願意檢視自己的生活狀況，這就比較可能出現心理上的轉變，改變的效果也會比較好。能夠承認自己過去所使用的方法失靈了，這也可以讓你仔細審查自我，探索自己的動機，並且可以敞開胸懷用新的方法做事，改掉那些無效的行爲模式。

心理治療正可以提供一個改變自我的過程。心理治療可以提出有希望的前景、轉變的可能，並且可以重新檢驗我們長期以來對於人生所做的假設。學者甘垂普（Harry Guntrip）認爲，在最理想的情況下，心理治療可以：

> 提供一種人際關係的可能性，讓一個認爲自己的眞我已經被擊垮的人知道，人與人之間可以用眞誠而可靠，出於了解和尊重與關懷的方式相處……至少可以開始感覺到自己的眞實感受，用自然且不受壓抑的方式想事情，發現自己是個眞實的人。

作家貝爾斯基則從另外一個角度出發，認爲心理治療是：

> 美國所剩無幾的避難所的一種，讓人們得以在這裡找回更爲眞實的自己，在這裡質疑那逐漸侵蝕生活的大衆文化，並在一個眞正具有同理心的聽衆面前，試探著自己

可不可能逃開約定俗成的方式而更貼近自己想要的生活。治療可以喚醒人們，讓他們看見其他的思考模式和生活方式。心理治療可以協助人們在面對一個浮華而陷入惡性循環的市場壓力的時候，找到一股與之對抗的力量。心理治療有潛力成為一股悄悄進行的巨大反文化力量，足以改變社會。

貝爾斯基這麼樂觀看待心理治療，但這個前景若要成眞，有賴於心理治療師自己可以對抗**市場壓力**，自己有能力抵抗這股過度重視工作、不惜犧牲個人生活的社會狂潮。在第三章的個案身上可以發現，如果心理治療師自己沒有與這個普遍的社會約束力劃清界限，或是沒有對現有文化假設提出任何的質疑，那麼這個心理治療師很可能會加重病人的自責程度，或者使得這些病人繼續在工作上過度投資。

不過，儘管有此附帶條件，但心理治療最多只是一種庇護形式，或者如學者葛根描述的，心理治療是在被工作佔據和被市場浸透的生活裡，一段「跳下旋轉木馬的歇息時光」。心理治療可以提供一個足以抵消外在壓力的視野，提供一塊讓人重新審視人生的空間。在這樣的空間裡，遺忘許久的夢想重行出現，未被滿足的慾望獲得彌補，掩沒的希望再度升起。

根據定義，一個開放而探索性的心理治療體系，是反對現今日益嚴重的「情感禁慾主義」的；心理治療會要求病人找出自己的情感需求，而不要他們否定這些需求。心理治療揭露了種種我們始料未及的問題，種種我們每天在忍受的事物；藉此，心理治療翻動了我們的痛苦和不滿足的情緒，而這是在眞正造成改變之前必然要出現的。心理治療這種持續性的、以同理心爲基礎的關注，說明了多數人是多麼渴盼在生活中得到肯定、讚美和關心。也由於心理治療會強迫我們停下腳步，進行反思、觀察、衡量，因此可以積蓄能量，帶來轉變。

這樣的轉變可能是徹底的逆轉，也可能是出現逐漸累積的效果，展現效果的時間長短不一，可能需要幾個月或者幾年；這個改變的進展（或者沒有進展）常常讓治療師和病人兩方都非常訝異。

我很訝異，蜜雪兒以迅雷不及掩耳的速度第二度嫁給了工作。我想我並沒有看出她的需求深度，我也沒有看出我與她只維持了薄薄的表面關係。我覺得蜜雪兒是個柔順乖巧的女孩，跟著我一起把治療焦點放在探討她爲什麼想要討好別人，爲什麼會覺得自己很差勁，並且認識到她不可能在職場滿足她的需求。但我想她並沒有眞心接受這些說法。她只是配合著我，把她自己調整成她以爲我認可的那個世界觀——所以，她後來只是重複了她的舊模式，想要取悅工作上的重要人士。

而在此同時，我想蜜雪兒從來沒有像崇拜葛倫或薛碧那樣的把我當偶像，也許我給她的幫助實在太微不足道了：一週才一個鐘頭的治療時間，給她建議幫助她尋找工作以外的生活內容，好讓她更有自我、更有成就感，更有機會結交眞正的朋友。但是，她的新工作環境的文化在對她說：她不需要再掙扎，不需要改變自己，不需要察覺內在那些痛苦及不完美的感受。她不需要努力便獲得了「像在家一樣自在」的感覺，因此她想要相信這是眞的。我要求她改變；但她的新雇主無形中叫她維持現狀就可以得到獎勵。她渴望討好別人、想爲別人犧牲好讓自己被別人接納與喜愛——她這些需求，正好吻合她雇主希望員工長時間工作並熱情付出的期待。蜜雪兒對於自我客體的需求和她公司的使命串通起來，一起遮蓋掉我微弱的聲音。

與蜜雪兒完全相反的是萊爾諾，他扭轉自己人生的步伐跨得之大，出乎我的意料。

他來做了大約三個月的治療之後告訴我：「我們談的這些話，眞的可以讓我靜下心思考。我一直相信我的公司，把他們當神一樣。但也許錯的是**他們**……我可能太在意職位升遷了。如果我留在原地不動，這一切都不會發生。但他們要你去追逐那個紅蘿蔔。」這個紅蘿蔔指的是，在六〇年代的VPA公司組織理卡一個重要的位置。

接下來的幾個月，我們漸漸不談他工作上的事，而著重於如何讓他重拾他一直壓抑的夢想，幫助他跟這些夢想重新接上線。我發現，萊爾諾在青少年時期曾想加入職業籃球隊，但他家人置之不理，只當他是在作夢。於是，我與他的治療重點轉向他對家人的失望和憤怒，以及他父母對他的不夠肯定，缺少讚美。萊爾諾一開始就表明自己沒有什麼心理洞察力，對於自我檢視也沒有興趣，但幾個月下來他變得很願意探索自己的各種動機，逐漸認清自己的過去。讓我驚訝的是，他開始閱讀心靈成長類的書籍，他參加了心理輔導專家布萊蕭（John Bradshaw）的研習營，想要面對自己從童年以來未曾獲得解決的一些感覺。另外，他決定去學校詢問能否擔任課後活動的義務籃球教練。在我寫著他的這一刻，他還不確定該如何重新開始工作，但他的生活逐漸在改變；而不管他最後會到哪裡工作，他都不會再像以前那樣投注過多心力在工作上了。最近他告訴我，任何一個新工作「都必須接受我現在的樣子。如果說我學到了什麼事，那就是我再也不要吃那種苦頭了」。

至於吉姆，他的改變速度比較緩慢但逐漸累積了成果。吉姆把他在工作上遇到的危機當作是讓他深入檢視自我的工具：他爲什麼要活在別人對他的評價裡？他爲什麼不願意獨處？這種內心空洞的感覺到底是什麼？他爲什麼不敢讓別人跟他親近？吉姆待在原來的公司，但嘗試著檢驗並質疑自己在工作中所表現出的感情與行動。他爲自己設立起他以前從未想過的界限：他不再超過六點下班，下班後就關掉手機與呼叫器；他每天進健身房至少一個半小時。如果他在工作上因爲缺乏隱私而又感覺到壓力，他就離開辦公室，到外面走走。他跟公司總裁的關係是一大重點：他知道，他老闆的一舉一動、一起一伏都會影響他的感覺，也會影響到他對於自己的認知。因此他非常積極來做治療，希望能多多反省、更認識自己。我無法預言他最後是會繼續做這份工作，還是會決定換工作或是調整生涯；不管他最後如何決定，那個決定都會是基於他對於自己的了解，而這了解是他以前從來沒有過的認識。

在團體裡認識自己

露芭運用心理治療的情況，也是讓我驚訝的例子。露芭跟我每週做一次一對一的心理治療，她每一次都重複著同樣的內容，說著同樣的話；每一次會談都會指向那個「恐怖的一九九八年三月六日」，那個她被調到另一個部門的日子。在一年的諮商過程中，我慢慢了解了露芭的家庭、她在東歐小鎮的童年生活，以及她們在移民過程中的種種艱苦。這些只是背景，她只淡淡說起，口氣中沒有特別強烈的情緒或興趣。露芭所耿耿於懷的、深深陷溺的東西，是她在工作上所遭遇到的背叛。她每次到我這裡來，必定重複一次她的背叛故事；這使得她始終無法擺脫嚴重的肉體疼痛，進而使她無法回到職場工作。對此，她的主治醫師非常擔心。

露芭的進展實在太緩慢，於是我考慮把她轉到我的某一個治療團體。本來，我在與她做面對面治療的頭幾個月就提出了這建議，露芭問我，那個團體裡的女性都是什麼樣的背景。我說，大部分是粉領階級，也就是擔任行政或助理工作的人；她對我說：「那些人做的是我助理的工作。」她說她沒辦法想像自己「跟那種人」分享工作上的難題。

由於露芭非常沮喪，看來似乎需要談論那個造成她沮喪的創傷，所以我沒有強迫她同意。一方面我也告訴自己，一對一的心理治療也許就適合她的需求了。現在回想，我認爲自己當時的判斷有問題。

我第二度向她提起參加治療團體的時候，是因爲我認爲露芭沒有改善，也擔心她的身體，尤其是她的頭痛、呼吸急促和手部的不明麻木及刺痛。這次我很驚訝露芭並沒有因爲我提出的這些觀察而覺得受到批判。她答應去那個治療團體看看她適不適合。

這個治療團體主要是由黑人女性所組成，包括葛瑞絲、莉翠思、瑪麗安和泰芮。她們常常會說著說著就大聲起來，性子都很急，人都很風趣，也常常取笑自己。瑪麗安常會向新成員大叫：「歡迎加入瘋子俱樂部！」莉翠思喜歡說笑話，她說來參加團體治療最有效的地方就是可以讓她大笑，這裡是她生活中唯一可以讓她大笑的地方，「如果我還笑得出來，我就知道自己還是原來的那個我。」她們都沒有擔任過主管職位，都是受人督導的基層員工，經常互相吐苦水。因爲這種種原因，我對於露芭的加入是不無擔憂的。我擔心她沒辦法融入，她可能會覺得受到冒犯、覺得自己像個局外人、沒有人能幫她；我擔心這會使她刻意擺出親切姿態，甚至會覺得自己產生了種族歧視的心態。我覺得，我跟露芭都是在冒險。

露芭第一次來到團體治療的時候，葛瑞絲談著她已經成年的女兒對她沒有繼續上班感到失望，她這個女兒在海軍上班，抱怨葛瑞絲灌輸了她強烈的工作道德觀，但現在自己沒有「以身作則」。葛瑞絲覺得自己深受誤解，但也覺得很愧疚，因爲「或許我女兒是對的，我眞的讓她失望了」。這時，一直不說話的露芭突然以強而有力的聲音插話：「不，你沒有讓她失望，是她讓**你**失望，因爲她根本不了解你經歷了什麼樣的事情。」我們頗感意外地望向露芭。接著，莉翠思說：「聽著，葛瑞絲，你女兒可能在害怕，因爲這些年來她一直把你當成是堅毅不拔的象徵。現在妳出了點問題，她可能會想『我媽不應該會受傷的，她應該是非常堅強的』。」露芭接著說：「我想她說的沒錯，我們都希望父母是堅強的支柱，尤其是母親。」就這樣，露芭成了這個治療團體的一員。

在接下來的幾個星期，露芭投入治療團體的程度讓我非常驚訝，也讓我非常好奇。她非常活躍、溫暖、外向，並且眞心關懷其他成員的問題。當瑪麗安提到她過去的毒品癮，或是泰芮向我們展示她新近在身上穿的洞（葛瑞絲說，泰芮簡直是「違背上帝的旨意」），露芭都笑得很開心，看來完全不對這些行爲帶有任何批判眼光。我察覺到，眼前這個生氣勃勃、願意付出、也有高度包容力的露芭，正是那個與她的印度同事產生深度連結的人。她要在人群裡才能堅強；她覺得自己屬於某個團體。

露芭參加了團體治療兩個月後，莉翠思拋出了一個討論：她談到自己的男友在她離開工作之後是多麼的不支持她。好幾個成員對此都很有共鳴，都認爲身邊的男性就是不懂這些，不了解職場爲什麼會帶給她們這麼大的傷害。突然，露芭迸出一句話：「喔！我懂你的感受。我先生也不能理解人生爲什麼要這麼依賴工作。本來一切都是非常理性而秩序井然的，但我破壞了他生活中的秩序。」

露芭在一對一治療的那一年裡，從沒批評過她的先生；事實上，我很少聽她提起她先生，所以曾經委婉對她說，她先生在她心中的份量竟然如此不重要，我覺得很奇怪。現在聽到她開口說到了先生，於是我介入談話，詢問露芭想要表達的意思是什麼。

「他很冷淡，從來不了解我。有時候我覺得，他假如不需要面對我可能會比較快樂。」

葛瑞絲問道：「那你幹嘛還跟他在一起？爲什麼不喊停，離開他呢？」

「相信我，我很想這樣做，但我們家族裡沒有人離婚。我必須爲孩子著想，如果我們離婚了，孩子怎麼辦？」

接下來，大家花了很長時間討論離婚的優缺點、對孩子的影響、男性在情感上提供救濟的能力或不足，以及一個母親如何在自己的需求和家人的需求之間取得平衡。團體討論結束後，我外出吃午餐，一個小時後返回，這時露芭、葛瑞絲等四人還在我諮商室的大樓入口階梯處熱烈討論。

在接下來的團體治療，露芭似乎越來越放得開，也越來越快樂。她看起來比先前注意穿著和髮型，很容易就開懷大笑；這是我跟她一對一會談時很少見的。她積極參與討論，對其他成員提出有幫助的意見並分享她個人的經驗，也常常在治療結束後繼續跟其他人討論。

某天，一位新加入的成員萬分沮喪地談到她手部的麻木現象和刺痛，以及在工作上被背叛之後的感受。我問露芭她那些症狀如何了，她的回答讓我非常意外：「啊，對喔，我好像很久沒那種感覺了。事實上，我好幾個月裡都沒有出現什麼症狀了。」露芭在跟我進行一對一治療的時期，她的身體疼痛一直是我們的焦點，所以我很驚訝聽到她說這些症狀消失了，更驚訝看到露芭一副不在乎的樣子。

「症狀是怎麼消失的？」我問她。

她回答：「我也不知道，就是消失了。」

就這樣，我沒有對露芭提出任何尖銳的詮釋，也沒有要她在日常生活中採用什麼放鬆技巧或處理痛苦的技巧或做任何運動，並且在表面上也沒有對於她在工作上遇到的背叛遭遇提出什麼見解，她就自己漸漸恢復，逐漸改變了。我對於這一切進展完全沒有疑問。不曉得什麼原因，總之，團體治療以某種方式打開了露芭內心某處，讓她漸漸顯現出被壓抑或埋葬的自己。在這樣的過程中，露芭發現自己得到了接受與尊重。因此，露芭的例子在許多方面都說明了團體治療所採用的「分享對話」、「互相肯定彼此」是有作用的，並且可以讓個體打破禁忌，不再默默承受個人的挫敗。

你並不孤單

我越來越相信，團體治療是最能幫助人們面對職場背叛的傷痛並從中恢復的方法。不管那個背叛是解雇、裁員、主管的欺騙或誤導，或只是個體突然認清了工作不等於家庭或社區，加入團體都可以紓解受到打擊的強度，把激烈的感受調整到正常程度，還可以建立一個有助於理解事情來龍去脈的背景，並且形成另一個角度來看待工作這件事。

我發現，團體治療可以在幾個層次上協助參與者理解問題、逐漸復原，有時候甚至有助於快速成長。

在最基本的層次上，團體治療可以讓成員講出一個故事、一個說法。第一次來到治療團體的病人，通常不知道該怎麼解釋自己遇到的事情，既找不到詞彙來表達，也講不出事情背後有什麼含義。他們感覺到焦慮、沮喪，或各種生理疼痛迎面襲來。找不到字句，他們就沒辦法承裝自己的悲慘境遇；來參加團體治療之前，他們的朋友和家人往往無法相信他們有這種困擾。他們覺得孤單、被拋棄，覺得自己是神經病——這時候，他們來到了治療團體，聽著每一位團員講述自己的遭遇：在工作上發生了什麼事、爲什麼來這個治療團體、那件事之後又發生了哪些事；每一個人的故事都讓新進成員看到自己的影子——突然間，新進成員驚訝地發現，自己那些沈重而理不清頭緒的東西找到了一個家，變得有線索可以理解了。通常，當新進成員開口說了話，都會談到她這種時候有多驚奇：「以前我都以爲自己是唯一這樣感覺的人」，或者「我不知道人會因爲工作上的狀況而忘記了自己把鑰匙放在哪裡（或以爲自己有心臟病、想要放棄自己、不想走出家門一步）」。

布蘭達在團體治療中有三年半的時間了，她常會告訴新加入的成員說，她第一次來我這裡時，我告訴她，她所有的感覺都是有原因的，她需要一點時間走出來。她說：「但我內心還是會想：我眞的瘋了，她一定只是在安慰我，她眞好心。所以，這個治療團體讓我非常驚訝，因爲每一位成員都有類似的感受，都以爲自己瘋了……我以爲只有我沒辦法走出家門一步，因爲我以爲別人會認爲都是我的錯。但後來，我發現我們很多人都有同樣的感覺，這對我來說是非常有幫助的。」

光是聽到有人講出「**背叛**」這字眼都很有意義，都能讓人冷靜下來，紓解心情，把澎湃的感受轉化爲想法與字句。莉翠思第一次在團體中說出自己的故事時，淚流滿面，由於太過憤怒而說不出話來。瑪麗安接著說：「親愛的，聽起來，你跟我們一樣，也被人家背叛了。」這話似乎讓莉翠思忽然一亮：「沒錯，就是這樣。」她靜靜說完，靜靜坐了一、兩分鐘，自己點著頭。瑪麗安完全感同身受，這對莉翠思非常有用，她接下來說話時還是沮喪，但已經平靜下來，比較能思考和控制情緒了。

新進成員感覺到了別人知道那是怎麼回事，這才發現原來自己的遭遇是可以理解的；於是原先覺得一個人受折磨或暗自害怕的這種核心感覺開始變化。原先眼前一片慘白，覺得自己好失敗好絕望，突然間露出希望的曙光。他們開始會想：「如果別人也有同樣的感受，那我有這種感覺就不是神經病。」這使得病人覺得沒有那麼丟臉了；他們本來覺得好丟臉，自己這麼容易受傷、太過在乎、過度投入工作，那麼想要得到別人的接受、肯定和讚美；而這種覺得丟臉的感覺，會使我們覺得脆弱、依賴、天真、不完整甚至愚蠢。我們的社會期許每一個人都能在生活中獨立自主、自己承受壓力並懂得應變，特別是在工作上被要求要如此。在這樣一個社會裡，一個人假如內心有需要，並暴露出自己有那種需要，是丟臉的事。

因此我認為，一樁背叛事件的最明顯影響，就是它造成了丟臉的感覺。對於那些覺得在工作上遭受背叛的人來說，這種丟臉的感覺清楚得彷彿用手都摸得到：當萊爾諾的新主管用諷刺口吻叫他遞出一份他交不出來的報告，當布蘭達最喜歡的律師把她垂涎已久的戲票送給另外一位秘書，當吉姆的老闆在其他員工面前數落他——在那些個時刻，這幾個當事人都馬上有明顯的丟臉感覺。對於有些人來說，丟臉的感覺是比較隱性的，但也是比較全面的，不只是針對單一場景而生的感覺。例如葛瑞絲、莎拉、瑪麗安、莉翠思、碧雅、泰芮和琳等人，是在發現了自己的雇主、老闆或同事不像她們這樣在乎時，覺得丟臉、喪氣、被否定。

根據心理分析專家墨利森（Andrew Morrison）的說法，「我們以爲可以得到的或希望得到的反應假如沒有出現，我們會感覺到錯愕和洩氣，於是往內一縮，收回自己，抽身離開那個傷害了我們對於自我客體提出需索的環境。」因此，當葛瑞絲的老闆表現出她比較在乎人力安排的問題而不在乎葛瑞絲的健康問題，當莎拉的老闆說出「吃不了苦，就別待在那個位子上」，當泰芮發現同事們並不願意在除夕夜工作——這幾個當事人都覺得丟臉，因爲她們沒有獲得自己以爲會得到或希望能得到的回應。

丟臉的感覺，意味著否定了自己，所以它比罪惡感更徹底而絕對。罪惡感的產生，是因爲我們覺得自己的行爲或念頭很不好；但出現丟臉的感覺，是因爲我們覺得**我們自己**很不好。所以，病人第一次來到治療團體的時候，如果她們是帶著罪惡感而來，可能就是察覺到別人對她們生氣、失望、認爲她們沒有達成期望；但是，她們覺得是自己有哪些基本的東西出了錯，比如她們是有病的、神經兮兮、有缺陷、不討人喜愛、一無事處、軟弱而惹人厭。覺得丟臉的感覺，是相當難以形容的狀態，找不到語言來具體描繪這種籠罩全身的、頹喪莫名的、悲慘的感覺。墨利森說過：

丟臉的感覺，就像是霧，它扭曲了眼前景觀，左右了所看到的影像。但不只這樣。丟臉也像是一種重擔、一種壓力、一種負荷，從背後重重往下壓，把身體逼成一個特別的姿勢……肩膀弓起，身體前傾，頭兒低垂，眼睛凸出……丟臉的感覺讓人想要隱形起來，不讓別人看見，想要鑽到土裡或乾脆消失不見。

想要隱形起來的人

這樣一個想要隱形起來的人，假如加入團體治療，會是非常有挑戰性的事。因此，光是能來參加第一次會談這件事，就能讓他們獲得成就感，覺得自己可以控制恐懼感。碧雅第一次來治療團體的時候說：「我來這裡其實心裡怕得要死。我會願意來，完全是因爲菲麗普森博士說我應該來，但我的手一直在流汗，我知道自己覺得很有壓力，很想跑出去。但我知道我一定要試試看，可是老天，這眞的很難！」

然後，等到碧雅說完了自己的故事，其他成員（團體裡的其他女性都較年輕，可以當碧雅的女兒了）都很了解碧雅的感受，而且表示歡迎她加入，這使得碧雅鬆了口氣，逐漸開朗。她突然發現有一個新世界敞開大門準備接納她；在這個新世界裡，她不會因爲自己太在乎在午餐時被同事排擠而覺得自己瘋了。她的老闆、家人和朋友都說那是小事，讓她覺得非常丟臉；但是在這個團體裡，那種丟臉的感覺不見了！我想，碧雅回應布蘭達的一段話，解釋了爲什麼這個過程不會發生在一對一的心理治療；碧雅說：

「如果有一個人對你說，你沒事，就算那人是心理醫生，你還是不會相信。你心裡想，他們都是專家，受的訓練就是要來告訴你這些的。但我走進這個團體，發現所有的夥伴對我說的話都點頭，完全了解我在說什麼，哇，這可是告訴我：『也許，我還有救。』」

人會覺得自己丟臉，一定是在別人面前覺得受到排斥和羞辱，也就是發生在社會環境裡；既然如此，若要解除掉這個丟臉感，或許也應該回到一個社會環境裡。就許多方面來說，團體治療提供了一個經過修正的、對於自我客體的體驗，病人可以在團體裡得到自己期望中的反應。新進成員把自己表現出來讓大家看見，說出她自覺丟臉的經過，然後被大家接納。這裡她面對的不是某一個專業人士，而是一個同儕團體對她表示歡迎、接受和理解。團體裡每一個人都曾經因爲過度投入職場而產生不同形式與程度的丟臉感受，因此，團體裡會逐漸形成一種互相肯定的氣氛，解開每個人原有的心結，不再覺得自己是怪胎或丟臉。

一旦這種深層的羞愧感漸漸消除，想要隱形的念頭連帶的也漸漸打消，新進成員就可以開始深入探看自己的內心，進行反省。團體治療的過程，會促使成員更進一步發現到了解自己的動機有多麼重要。在我的帶領之下，團隊成員彼此詢問：「你爲什麼認爲那對你很重要？」「那讓你有什麼感覺？」「你爲什麼不爲自己辯解？」「爲什麼你會因爲自己有那種感覺就說自己是神經病？」成員和我一起在團體裡建立一種文化，大家在這裡會打開內心，而不是把它們關起來。最理想的團體，可以成爲一塊提供反省和擴展的空間；這塊空間讓人了解到自己，它看重的是每個個體的本來模樣，而不是他們做的事。

由此觀之，團體是一股可與職場相抗衡的力量。作家貝爾斯基說到：

與那些個帶著職場難題前來的患者談過之後，心理治療師們感受到最強烈的一點是：患者們最需要的是一個提供庇護的地方（但這需求常常沒有被看出來）。他們想找一個屬於自己的而較爲私密的空間與時間，但又要比那個叫「工作」的擁擠封閉而令人窒息的世界來得寬闊開朗。

新進成員常常會問：「爲什麼我要花這麼久的時間來面對這問題？」我的回答通常

是：「你所謂的**這麼久**，是**多久**？我們怎麼知道這個療癒的過程到底需要多久？」這時，我最常聽到的回覆是：「我應該要盡快恢復，趕快回到工作上。」我認爲，這個答覆說明了我們是多麼習慣於忽略自己的感受，多麼想要掩蓋內心的翻騰，回復到正常工作發揮生產力。

想要了解自己的感受、深入探查自己正在經歷的事情，太容易被認爲是奢侈的事，或是被看成機能失調的前兆——這表示跟不上腳步、無法接受與面對現實、無法停止發牢騷、無法回到常軌後聞聞咖啡香，然後咬緊牙關，恢復生活，克服它。我的病人們從家人或朋友那邊聽到這樣的規勸，這些也是她們自己告訴自己的話。我們的文化裡充滿了各種功利性的訓示，要我們用實際的眼光看待自己，要我們否認自己的感受，要我們成爲情感的苦行僧。但是，團體治療提供了另一套價值觀，不但可以刺激參加者重新看待自己在工作中的經歷，也可以重新檢視自己過去所接觸到的人事。布蘭達參與了團體治療一年半之後，一針見血說道：「到團體來這麼久了，我開始會想我的生命中所缺少的東西。我家人好像都不會問問我的感受如何，或我是不是因爲什麼事而難過之類的，我以前都以爲那是正常的，那樣沒什麼錯。」

從團體治療可以看到，現在的人接受到的關注、肯定和關心是少之又少，而大家已經學會了忍受這種現實。來到團體治療，可以鼓勵他們看見自己缺少了什麼，看見自己爲什麼會要在工作上滿足這些情感需求；團體還可以讓他們知道，自己想要在工作中獲得情感滿足的這件事，在別人眼中看來是什麼樣子。心理分析師派恩斯（Malcolm Pines）提到，團體治療：

可以促動並要求人們去仔細看別人、聽別人，也仔細看自己、聽自己，並且把別人的觀點納入考慮或者接受。這個機會讓我們可以好好把自己完整看一圈，看見那些個構成我們這個人的無形而隱藏的向度。就像我們沒有鏡子就看不到自己的模樣，假如我們沒有看到、聽到別人對我們的回應，沒有把別人對我們的看法納入思考——雖然我們不見得每一次都接受——我們就沒辦法知道自己是一個什麼樣的社會人。

我們這裡的「鬆餅俱樂部」就是一個絕佳的例子。這個團體逐漸成形與凝聚，每一位成員都變得更能自在地質問其他人的理解與行爲。在莎拉加入了幾個月後，有一次輪到她告訴大家她這幾天過得如何，她說：「瓊安好像眞的有話要說，我讓她先說好了，我可以等下個星期再說。」這時布蘭達大聲質疑：「這不就是你在工作中會做的事嗎，莎拉？你就是這樣照顧別人，忽略自己的需求？」

由於每一位成員都知道，這裡的人都忙著討好他人、想要透過犧牲自己來贏得別人的接納與關心，因此鬆餅俱樂部成員之間形成了開放而直率的關係。這種氣氛不但大大影響了她們對於工作的立場，也影響了她們個人的親密關係。到了布蘭達和莎拉先後要離開團體時，每一個成員的生活都出現了相當明顯的轉變。

與別人相處的療效

布蘭達在團體裡待了將近四年。她當初覺得自己被律師事務所背叛了，這件事成爲她檢視過去與現在生活的開始；這是她在人生中第一次讓自己擁有時間和空間進行反省，這也使得她看到了壓抑在心中的痛苦。

她出生在一個藍領家庭，在六個小孩裡排行老五，父母每天都工作到很晚，父親還酗酒。布蘭達很早就知道別想從家庭得到什麼關心與注意。爲了不要再有這種她從小就認識的痛苦與被忽視的感覺，布蘭達幾乎不跟家人來往。她的婚姻最後以離婚收場，因爲她花太多時間在工作上，沒有其他什麼可以投注心神或得到支持的事物。她把自己丟到工作裡面，希望能獲得肯定、歸屬感、認同感和別人的關懷，因此，她在感情上非常容易被那些律師老闆們牽動。就像鬆餅俱樂部的其他成員一樣，布蘭達潛意識裡相信，如果她做點家事、承擔一些雜務，老闆一高興，她自己就會成爲注目焦點，受到寵愛；她不但會被這個她所崇拜並加以理想化的家庭接受，最後還會因爲自己特別的人格特質而獲得肯定——一旦這個策略失敗，布蘭達就完全崩潰了，花四年時間才慢慢重新建立起自我。

後來，布蘭達變成了治療團體裡面的「焦點」。她在團體的時間比其他人長，加上她累積的見解和溫暖的個性，使得她成爲了團體裡的另一個組長，跟我一起帶領團體。每當有新成員加入，布蘭達總能讓她們安心，讓她們知道自己有這些感受是正常的；她還會用過來人的立場爲她們解釋整個從崩潰、悲傷、憤怒、自我檢視、接受到往前進的過程。她扮演的指導員角色，讓她得到了一種強烈的主導感。她在最後一次到團體來的時候，簡潔地把她的經驗作了以下的總結：

「第一次來這裡的時候，我覺得好像要把我殺了一樣。我愛我的工作，每每想到那些事，我還是會想哭……參加這個治療團體讓我有了希望，如果不是這個團體，我可能撐不過來。我知道我不再是孤單的了。我眞的覺得你們像我的姊妹……我從團裡面最瘋狂的一個，變成了好像可以鼓勵別人。如果布蘭達做得到，大家都做得到！（大笑）……我再也不要把工作當成就是我自己，再也不要讓任何雇主把我變成那樣。我知道這很難做到，但我知道你們都會在這裡支持我。」

布蘭達在附近一家大學的理工科系裡找到一份新工作。聽了我的鼓動，布蘭達開始培養其他的興趣及活動，從這些活動裡尋找歸屬感、目的感和友誼；她後來加入了當地的戒酒團體，並逐步成爲非正式的領導者。她還是跟男友貝瑞在一起，不過她並不想同居或結婚。她偶爾會來治療團體看看大家，帶給大家驚喜。剛離開鬆餅俱樂部的第一年，布蘭達大約每兩三個月就會回來一次做「進度報告」，後來出現的頻率越來越低，最後整整一年才又看到她。在她最近這一次到團體來時，布蘭達讓我們知道她的進展：

「我不能說我輕鬆如意。我還是很想念以前那家公司。但我現在做得很好。每一次他們要我加班或是多做一些什麼事，我都會想到我們這個團體和大家說過的話……我現在參加的這個（戒酒組織）非常棒，我可以跟他們講我童年那些可惡的爛事情……但是你知道嗎，沒有東西比得上律師事務所的刺激。我沒有一天不會想起以前那一切。」

至於莎拉，她克服職場背叛症的路比布蘭達輕鬆一些，因爲她不是向雇主尋求情感上的滿足。莎拉是把她的公司當作社區的替代品，希望能在此得到歸屬感與自我認同。她有效地運用了治療團體的功用，把鬆餅俱樂部當作一個過渡性的社區，在一群相像的人裡面慢慢了解自己。她很快就看到自己犧牲了自己的興趣與需求，以此成全他人；她是藉由成爲了社區的一員來獲得自我。等到她看見了自己的動機，她發現自己想要得到的一些東西是她自己不能認同的：「我知道我必須把自己放在第一位，並且爲自己著想。但我不知道那會是什麼。我一輩子都在替別人想，我知道我不能再那樣了，但要我不那樣做還眞的很難。」

莎拉花了一年的時間陪兒子們，並且思索自己的未來。她靠著失業救濟金和兒童補助金勉強度日。我們的團體成爲她的社區，她在這裡與其他人發展出友誼，她們在團體治療的時間之外仍互相聯繫，彼此支持。最後莎拉決定去把她在二十一歲那年中斷的大學給念完。她申請進入當地大學的電腦科系，獲得入學許可。秋季學期開學的前一個星期，我們在莎拉到團體來的最後一天舉行了歡送會，從那之後就沒有她的消息了，不過碧雅會把莎拉的近況告訴我。

碧雅自己，是鬆餅俱樂部的原始成員裡面唯一一個留下來的人。治療團體的成員來來去去，但她固定來參加，數年如一日。她很清楚，這個治療團體對她來說具有社交功能，而這是她從退休以後就渴望擁有的東西。她跟離開了鬆餅俱樂部的成員幾乎都保持著聯絡，互相通電話，偶爾聚會吃午餐。有一次她們在碧雅家後院開了個「同學會」，莎拉也來了，她剛剛在一家醫院的資訊工程部門找到工作。碧雅特地爲每一位成員都製作了一個小徽章，上面刻有鬆餅圖案，但鬆餅上面斜斜劃了一道線。碧雅現在來參加團體治療聚會時，都會戴著這個徽章，並且把「鬆餅們」的故事說給新進成員聽。她是這個團體的資深元老兼歷史學者，大家都喜歡她，也尊敬她。她帶給這個團體的社區感與延續感，卻是她過去在工作上被鄙視的特質。

碧雅的故事，淸淸楚楚說明了我們是多麼渴望別人能夠接受並肯定我們的付出，但也說明了我們這種渴望是多麼不容易在工作以外的領域得到滿足。社會的趨勢是朝著日益分化、碎裂、孤立的方向發展，於是對許多人來說，團體治療可能成了工作之外唯一一個能讓人與別人共同參與某個活動的地方。類似團體治療的效果，也可以在義工組織、宗教團體、讀書會、運動團隊等處找到。在團體裡，大家可以一起努力朝向一個目標前進，而且這目標不是由雇主決定的。

不必把自己逼到角落

來我這裡參加了治療團體的女性，既然都是在某個環境裡經歷了某種形式的背叛，那麼假如能被另一個社會環境接受並獲得支援，可以爲她們帶來改變。這就隱含了一種意義：我們不必把自己孤立起來，不必把自己逼到一個覺得自己很丟臉的角落。因爲我們可以從人際關係的破裂和修補上面學習到功課。如果團體成員之間的意見不同或是產生誤解，覺得受委屈的一方可以學習面對它，不要覺得受傷害、絕望或挫敗。例如，有一次莉翠思似乎在責怪瑪麗安太在意她的主管比爾：

莉翠思：「小姐，你一定要忘記這傢伙。我們都**知道**事情很糟糕，但沒有一個男人，沒有一個白種男人值得你這樣做。」

瑪麗安：「你說的白種男人是什麼意思？」

莉翠思：「我是說，你把他當成你個人意志的執行官了。」

瑪麗安：「是，我想這就是爲什麼我們會來這裡，我們都因爲工作而做了一些瘋瘋顚顚的事情。」

莉翠思：「沒錯，都是瘋瘋顚顚的事。」

這時，瑪麗安開始哭，並且跑出房間。葛瑞絲追了出去。我問大家，她們認爲接下來會如何發展。

泰芮：「我想我們都喜歡把自己看成是堅強的女性。也許，聽到比爾這樣傷害到瑪麗安，是有一點殘忍。」

莉翠思（打斷泰芮）：「不是有一點殘忍，是很殘忍。」

泰芮：「也許因爲比爾是白人，而瑪麗安交給他過多主導權……」

露芭（向莉翠思說）：「而你非常清楚，不能讓男性發號施令。」

莉翠思：「沒錯，我不忍心看到這位美麗而堅強的女性，在生命中遭受這麼多磨難了，還要被人家那樣狠心對待。」

後來，瑪麗安回到房間，我請她說說她的感受。

瑪麗安：「我覺得自己被莉翠思批判了，我覺得她好像在說，我在工作上會這樣，眞的是腦筋有問題。」

莉翠思：「好，我想我說錯話了，因爲我對於發生在我自己和每一個人身上的事情仍然覺得憤怒。」

在這次會談的最後，瑪麗安對我們說：

「我能夠再回到現場來，我覺得自己很棒。我想，換做是以前的我，一定會跑回家，拉起窗簾，用枕頭把頭埋起來，告訴自己說：『看吧，你就是不能相信別人。大家都認爲我是瘋子。』但這一次我決定面對它。我要謝謝葛瑞絲，我也要謝謝莉翠思，因爲我知道你對於我在前個公司發生的事情也覺得難過，也爲我生氣。」

最後，瑪麗安與莉翠思互相擁抱，然後相視而笑。兩人都知道了，這種與別人失和、想辦法面對、然後和好的過程是很正常的事。

團體治療並不是要你對於有類似經歷的人照單全收，全心擁抱，不帶任何批判；在團體治療裡面，必須做到將心比心，拉近彼此的距離，消除每個人因爲自認失敗而產生的孤立感。團體治療裡的成員必須互相肯定、互相建立關係，練習把其他成員當成主體。這種團體提供的是可能性，讓成員們有機會從與別人的合作中改變自己。因此，團體治療的這個團體，嘗試著在職場和商業市場之外，建立另一種可讓人獲得安定感的機制。

這幾位成員的後續發展將會如何，現在還難以斷言。莉翠思和葛瑞絲都打算退休，瑪麗安則越發急著回到職場，她甚至想再回到比爾手下工作。瑪麗安現在比較了解自己的需求和動機了，她覺得自己可以抵抗那種拉力，不再把老闆理想化，也能做到不把自我認同完全放在費登公司上面。

她解釋說：「我在想，我兩個女兒都上大學去了，也許我可以考慮爲自己的生活找點愛進來。也許我已經證明自己可以做到這一點，也許我必須多想想，『什麼事物可以讓瑪麗安快樂？』」

泰芮帶了她錄的《慾望城市》（Sex and the City）影集給瑪麗安，希望能稍減她對《教父》電影的狂熱。泰芮的目的能不能達到還不曉得，但至少瑪麗安答應看一看，並且接下來討論起她們在團體中談起的議題，這表示瑪麗安願意探索，願意培養工作以外的生活。

泰芮在參與團體治療這段期間，仍然在凱西托兒中心工作，但已經想辦法把情感從工作處抽離，並且發誓要用「工作就是工作」的態度來面對。「我去那裡是要照顧那些小朋友的，就是這樣。」她開始考慮換工作，但目前決定還是繼續擔任幼教老師，因爲她覺得自己在做這些工作的時候最快樂；不過她發現自己很難在職場外建立生活。團體裡的每一位成員，包括我在內，都建議她可以做這些那些、可以如何結識新人，但是似乎都沒有什麼成效。

「住在矽谷眞的很辛苦，」泰芮說。「每一個人都在工作，你要怎麼交朋友？人家說那裡是很刺激的地方。是啦，如果你是某位大人物的話，也許矽谷眞的很刺激。可是惠普的老闆娘又沒有來敲我的門，要我出去一起玩。」

泰芮覺得沮喪而孤單，轉向食物和大麻尋找安慰。我曾建議她服用抗憂鬱的藥，但她用一個我不能苟同的理由回絕：「是我有問題，還是我活著的這個世界有問題？」我第一次向她提出上面的建議時，她這樣回問我。而後來我們常常回到這個問題，用不同的觀點和角度加以討論。

不只是個人的問題

說到底，心理治療——就算是採用團體治療的形式進行，最終都會回到「個體」這個主題。心理治療可以讓人產生字句、情感、理解和自我接受，可以讓壓抑的記憶再次浮出，藉此讓病人看到，自己的過去是如何在自己現在的行動中、思想上和感覺裡活生生存在著。心理治療提供了希望，提供了全新的方式來看待自己和自己的人際關係。心理治療提供了一段時間與空間，讓人可以脫離以工作爲重心的生活模式，藉此與流行的生活方式相抗衡。然而心理治療的幫助還是有極限的，畢竟冷酷的社會現實無法光靠個人的力量就能改變。從許多方面來說，我認爲泰芮就是遇到了這種現實情況。

學者貝爾斯基說過這樣一段話：

在今日這樣的時代裡，訓練有素的治療之眼——特別是因爲它習慣把焦點放在個人的心理動力（psychodynamics）或是家庭關係難題——所以非常可能會成爲近視，除非能調整焦點，把外部世界也納入觀察。

我與病人互動的經驗也顯示，心理治療確實可以影響病人的復原情況並促成改變，但這樣的改變是要帶來什麼呢？以泰芮來說，她可以看見自己想要在工作上滿足她心中的需求，並且改變她對於工作的立場——看見了以後，然後呢？如果她眼前的世界是一個分裂的世界，沒有地方、沒有事物能讓她跟別人產生連結，讓她建立自我感、歸屬感與目的感，那該怎麼辦？就許多方面來看，她所工作的矽谷，代表的正是新經濟秩序下的典型生活。但這個全球其他社會爭相仿效的地區，卻使得泰芮到頭來只是孤單單一個人，責怪自己爲什麼不是偶像女性、不能引爆變革、不是一個叫做「我」的品牌。

最終，我越來越相信，面對這個「嫁給了工作」的課題，沒有辦法單靠個人的努力來解決。在新經濟時代裡，管理個人生活的方式有各種矯正法、策略等等好的壞的做法。從我病人們的經驗可以看到，當我們在工作中拉起了情感與時間的警戒線，我們最後往往只能望向其他社交場合來尋找滿足——但那些地方似乎沒有什麼人與人之間的感情、關心和意義。如果我們被規勸不可以在工作上尋找承諾和安全感，那麼我們該如何在這個不斷改變與冒險、充滿不確定感的世界裡找到一個避風港？

爲了不再爲工作而活，美國人需要的不只是心理治療；「找別人說話」會是個不錯的開始。不過，我們必須在談話中質疑我們基本的文化假設與價值觀，才有可能用新的方法來看待自己和環境。也許找不到明確的答案，但我們可以開始面對這個難以回答的問題——然而，今日實在沒有多少人問起這個問題。

7 逃避自由

現代社會的架構從兩方面對人同時產生影響：現代人變得更加獨立、自主和挑惕，但也變得更加疏離、孤單和害怕。

佛洛姆

二〇〇一年七月，我接到一通本地心理療養院打來的電話，她們通知我，我的一位病人在前一晚企圖自殺，現在住進了療養院。這位病人是位越南裔的女病人，名字叫做琳。六個月前，琳被她口中的「我的公司」給解雇了。她服用了大量的安眠藥，打開家裡的瓦斯。大樓管理員聞到了從她家中飄出的瓦斯味才發現了她。

我打了一整天的電話都沒有人接，最後終於在琳的病房（專門安頓高危險病人的上鎖房間）跟她通上電話。我問她發生什麼事，她仍舊用幾個月以來在團體治療課堂上的一貫語氣回答我：「我活下去沒有意思了。我永遠都不會是最有價值的員工。」

琳先前好一段時間沒有固定來上團體治療，我曾問她原因，她說她現在經濟能力有限，要她每週拿出一筆錢（美金二十五元，由病人和醫療健保共同負擔）來支付團體治療費用，有點難。琳以前會定期來上治療課程，但她老是說著同樣的話，老是表現出不可置信、失落感、心緒混亂。比起其他同樣與工作離了婚的病人，琳顯得特別失落和茫然。在這次自殺之前，她一個月沒來上課了。我曾打電話到她家想了解她的情況，她告訴我：「還可以，只是手頭有點緊。」我現在才發現，錢不是她不來上課的唯一原因。我先前眞的沒有發現她是這麼的覺得絕望。

最後，我在琳出院後與她碰了面。她比先前更爲沉默寡言。我們談到了她在自殺前待在家中的那段時間，談到了她是如何終日呆坐，一動也不動，飯忘了吃，澡忘了洗，貓也忘了餵。那天晚上，琳穿上她在公司表揚大會的晚宴上穿的禮服，靜靜坐在全身鏡前，回顧她所失去的種種。「就在那時候，我下了個決定：我要結束自己的生命。沒有人會知道這件事，也沒有人會在乎。他們不會在乎的。那就這樣吧。」她先把貓哄到門外，把門關起來，然後打開瓦斯爐，吞食了家中的所有藥丸。她說，她那時已經失去意識，只是靜靜想像著隔天新聞裡關於她死亡消息的報導：最有價值的員工在被解雇後自殺身亡。

我問琳：「你眞的希望自殺成功嗎？」。

「希望，」她的口氣很堅定。沉默了半晌，她說：「菲麗普森博士，我想你不會懂的。你瞧，眞的沒有什麼東西值得我再活下去了。」

我們相對無言，坐了很長的一段時間。接著，我用了以前從未用過的思考方式，重新探索琳的人生和她目前所面對的現實。我沒有用一貫的安慰口吻要她對人生懷抱希望，要她爲自己而活，要她記得每一個人都擁有潛力可以改變自己，貢獻自己，找到幸福——我設身處地，想像琳的感受。

這時，我長久以來針對「嫁給了工作」這件事所發的批評、不要把所有的蛋都放在同一個籃子、要在工作以外發展個人生活等等的話語，在此刻似乎都變得無比輕浮而膚淺。

案例 琳與美國夢

從外表看來，琳的經歷可說是貨眞價實的「美國式成功典範」。她與兩位手足一起從越南的貧困生活中逃出，在美國找到了工作。以一個僅受過國中二年級教育的單身女性移民來說，琳是非常成功的：她在華廈裡買了一間可以看見舊金山灣區海景的套房，開的車是最新型的日系房車，穿的是高級百貨公司裡買來的衣服和鞋子。她在工作上獲得相當大的肯定，也獲得了豐厚的報酬。她享受到的自由、自主和豐厚的金錢，是她在祖國和世上多數國家裡難以想像的成就。她的故事可說是典型的美國夢——正因爲這樣，所以我相信，這類嫁給了工作的現象不能單單只從個人的層次來看。如果琳的人生算是成功的人生，那麼我們這個社會就必須開始質疑：我們所以爲的成功、人生意義和事物的重要程度應該如何排序——也就是所謂的「美國夢」——是不是出了差錯。

在琳享受著物質而又長時工作的背後，是一個缺乏深度，缺乏與人的情感聯繫，而且沒有意義的生命。她在被解雇的時候，年薪高達六萬美金，但她幾乎是賺多少就花多少，不但沒有任何積蓄，還背著爲數可觀的信用卡債務。因此，到了她失業快滿七個月、心情低落到無法出外求職的時候，她的財務狀況已經亮起紅燈。焦慮的她擔心房子被拍賣、擔心破產，更害怕會發生所有單身女子的終極噩夢：無家可歸。

除了物質的安全感出現了警訊，琳的人際安全網也早就出現破洞。她把全部心力都投注在工作上，所以完全沒有跟家人聯絡。琳二十四歲那年，她母親嫁給一位美國人、並且搬到亞歷桑那州土桑市。而琳根本不願意休假，所以她過去十五年來只探望過母親兩次，而跟母親講電話的次數也逐年減少。她認爲母親沒有受過什麼教育，又也沒有工作，不可能了解她的；她所生活的企業世界是她母親一無所知的世界。琳的兩位兄弟仍待在灣區的郊區，都有了妻小。琳會特意邀請家人們前來參加公司的頒獎慶功晚宴，但除了這些活動和聖誕節、感恩節等的必要家庭聚會之外，琳其實很少與兄弟、嫂嫂或姪子女們聯絡。琳的舅舅也住在舊金山，但她避不聯絡。她覺得舅舅的越南族裔色彩太濃，而那是她素來看不起的地方。對她而言，越南人的社區與她所崇敬的職場世界是無法相容的；他們都「在餐廳或是指甲沙龍裡工作……你就是看不到他們有個什麼稱頭的工作」，琳這樣告訴我。

這種輕視，不只限於對她的家人。琳長得不錯，身邊有許多男士追求，但不是她覺得這些男人不夠成功，就是對方無法接受琳這種工作至上的觀念。有些人本來可能成爲琳的朋友，但都受不了她這種挑剔的個性，所以，琳被解雇以後，發現自己求助無門，沒有人能給她任何形式的支持。我問到她的母親、兄弟、剛分手的男友、還有她偶爾會出去喝幾杯的同事們，他們知不知道她目前的狀況，有沒有伸出支援，她馬上回說：「我不希望他們知道。」

「爲什麼？」

「對他們來說，我是個成功的人。我不要他們看到我現在這個樣子。」

「現在是什麼樣子？」

「一個無法自己度過難關的失敗者。」

從琳的故事可以看到，我們這個社會對於生活方式、成功、幸福、成就所下的定義，被發展到了極端的時候是什麼樣子。琳表現出一副完全自給自足的樣子，靠著努力工作就與主流社會價值同化，在物質上不虞匱乏，外表吸引人，在工作上受人尊重。她的工作時數長、擁護公司文化，也樂於改變。只要公司公布了新的管理指令，她不但身體力行，還會擔任啦啦隊爲公司加油，總是熱力十足，非常迷人。她一直想要擁有自己的房子，在三十四歲時達到這個目標。這樣的成就，與她來自越南的低微出身形成了強烈的對比。

事實上，琳過去在越南的窮苦生活不但愚弄了其他人，也愚弄了她自己。她用力適應社會，缺乏反省，沒有自己的看法，沒辦法對於自己的行爲進行批判性的思考，所以變成了「我的公司」裡的一個機器。雇主就是她的一切，榮獲公司「最有價值員工」殊榮就是她生存的理由。琳缺乏適度的教育，也沒有向社會機制求助。她的生活是徹底的虛有其表。她只能模仿媒體上報導的成功模式，不斷工作，完全獨立，過著豐裕的物質生活；她認爲這是實現了自己的美國夢，但這正是導致她疏離、孤立、害怕的禍首。解雇事件彰顯了她的生活毫無意義，與世界毫無關連。

冷漠，大獲全勝

美國人一直很看重工作。在歷史上，這項價値觀通常與其他價値觀並存：爲家庭、社會和國家犧牲；對民主生活的無私參與；相信上帝；家庭主義的特質（承諾、分享、合作、忠誠）。隨著我們與家庭和社會的牽絆變少，隨著企業雇主用懂事、成熟、負責任等指標來當作員工雇用標準，工作就成爲了生活的重心、付出心力的焦點。我們漸漸對於不工作的人帶著懷疑的眼光或爲他們抱屈（例如爲照顧家庭而辭去工作的人），但我們不太質疑那些不願意對婚姻、同居或養兒育女做出承諾的人。我們羨慕並推崇那些一輩子獨自生活、長時間工作的成年人，但我們不會如此讚揚一個關心自己家人的人。所以，琳不但是一個非常有用的成年人，也是值得羨慕和推崇的對象。只要她肯終身奉獻給工作，就算個人生活一片空洞、與世界脫節、沒有意義，也沒關係。

我們把長時間工作、行程緊湊繁重、沒有個人閒暇時間當作是成功的象徵；我們看不起天長地久、互相依靠和彼此關心。心理學家佛洛姆很久以前就說過，一旦人與人之間的牽絆變少、變得更能獨當一面，人就會變得更疏離、更缺乏安全感；爲了要脫離這種與人疏離之苦，我們就又投向另一種新形態的束縛。我們從傳統中逃出來，所獲得的自由卻讓我們覺得太過孤單；於是，我們還來不及認清現況，就急忙繳出自由，無條件投降。

佛洛姆在第二次世界大戰期間寫下他這些見解的時候，他看見法西斯主義被當作工具，人性似乎急著向自由投降，因爲那自由似乎成了「人類無法承受之重」。佛洛姆用這樣的角度來觀察「自由」：

現代社會裡的孤立個體，從曾經讓生命有意義和有安全感的束縛中掙脫出來，但承受著強烈的無力感和不安全感。我們已經看到，個人承受不了這種孤立；一個孤立的人，與外部世界相比之下顯得如此無助，於是對於自己的孤立深感恐懼。這樣的孤立，使得世界的一體性被打破，個人也就失去了方向感。於是，他開始懷疑自己，開始懷疑生命的意義，到最後懷疑起一切原本可帶領他行動的原則，藉此克服前述的困境。無助與懷疑，都會使得生活癱瘓；爲了要生存，我們只好試圖逃避自由……如此，又走向了另一個新的束縛。

在佛洛姆這個思考結構之下，我想要問：我們對於工作的投入遠超過對於其他事物的關心，這是不是一個新的束縛？爲了在這個分裂、疏離、缺乏關心的環境裡求生存，我們是不是就轉向工作，試圖從工作中尋找被我們的「自由」奪走的安全感和人生意義？我們是不是屈從於職場上的威權，以此逃避那份不需要承諾和義務的「自由」？我想，這些問題，一定會隨著我們嫁給了工作而被提出來。

我們越是工作，對別人的依賴就越少。我們對於找份有薪水的工作這件事，養成了自動化的反應。如果不成功，我們的人生就是一場失敗。這就像琳所說的：「我沒辦法自己度過難關。」

這個不管性別、年齡或環境條件都要「靠自己度過難關」的標準，成為我們判定人的價值的標準。但這是晚近才出現的判斷標準。

過去的人在家庭、社區、工會裡都有一個位子，可以得到政府的社會福利補助，可以依靠教會、鄰居或朋友來度過難關。以前的人，除了工作，還可以用很多方法來衡量一個人的價值；大家都認為人與人應該互相幫助，彼此依靠。更早以前，我們彼此幫忙搭蓋穀倉、協助救火，並且伸出援手給生病或是因收成欠佳而陷入困境的鄰居。在近一點的時代，人們更可以接受分攤工作的概念，藉此讓每個人的工作時數減少、工資增加，福利更好。我們相信，政府的角色在於保護和協助民衆度過難關。確實，家庭勞務的分工方式增加了女性對男性薪資的依賴，增加了兩性的互相依賴。

如今，這一切都變了，在實際作為上和在信念上都改變了。我們不承認彼此需要對方，還把這種依靠視為軟弱的象徵；需要依賴的人是窮人；沒有負擔才叫做自由；而自由讓人花更多的時間在工作上——這種病態的自由觀，被新經濟時代的企業雇主操弄，所以他們偏愛「零障礙」(zero-drag)員工。許多雇主在決定要不要雇用某人選時，都會計算應徵者的「障礙指數」：

最佳人選	＝	○點
有男友或女友	＝	扣一點
通勤距離	＝	每十英里哩扣一點
父母臥病在床	＝	扣一點
有小孩	＝	一個小孩扣一點
有配偶	＝	扣二點

工作，或維持感情；工作，或給出承諾；工作，或照顧別人——這些對立，對於今日所有社會階層的人來說，都變成是魚與熊掌不可兼得的抉擇。

我們這個社會，熱愛工作，尊敬市場，這就把「冷漠」帶進了社會結構的核心。就定義來說，市場交易乃以冷漠爲基礎；而冷漠，是與愛、感情和關心等特質完全對立的。

冷漠，比恨惡更糟，因爲恨惡裡還含有情感，但冷漠使人陷入孤單而低下的處境。隨著我們把更多時間與精力放在工作上，把更多工作以外的生活帶入了市場，我們變成了一個完全不關心他人的冷漠社會。我們好不容易掙脫了義務束縛、長期承諾的嚴苛束縛，好不容易逃出家庭及社區的威權監控；現在，勞力市場平等對待兩性，這在理論上讓我們所有人都有機會自給自足，成爲獨立的個體。但是，這一切的「掙脫」似乎也使得我們變得沒有安全感，不確定什麼事物是對的、有意義的。然而，「自由」必須存在於安全之中；沒有了安全感和體制性的支持，沒有了人際連結與別人的關心，我們很容易就會把自己跟工作綁在一起。

「誰把我看成是重要的人？」這是我的病人們心中最主要的問題。他們曾經認爲自己在雇主心目中是重要的，才會因爲覺得在工作上被背叛了而陡然發現自己面對的是冷漠與不受重視。森耐特曾談到：

> 「誰需要我？」這個重大問題，在現代資本主義社會裡面臨了重大考驗。整個社會體制散放出冷漠的氣息；這種冷漠，出自於人與人的鬥爭，因爲在一個「勝者爲王」

的市場裡，冒了風險絕不表示會得到報酬；一個缺乏信任的組織散放出冷漠的氣息，因爲在這裡沒有誰會被別人需要。這種冷漠，也來自於組織的再造，因爲員工在再造的過程中被當成物品，用過即可丟棄。這些做法，用露骨而殘忍的方式，削去了人覺得自己重要的感覺，削去了人自認被別人需要的感覺。

有人需要我們，有人看重我們，使我們因而確立我們屬於人的一面——這些，對現在大部分的人來說似乎更難產生共鳴了。新經濟的工作倫理，植基於對改變、風險和不確定的開放態度；能夠執行任務、又願意隨時退場而毫無抱怨的人，才會被看重。而這樣的期待不只限於職場，也蔓延到個人的感情關係：成長、往前走、過自己的生活、適時放手、不要黏人、看著自己的好處做抉擇等等態度，被視爲成熟的表徵。這種冷漠哲學充斥在我們這個市場導向的社會生活諸多層面，以致於我們看不見自己的需要被別人在乎、需要依賴別人、需要得到關心等等內在需求。

假如我們不能用獨立行動者的姿態進出於工作市場，或是因爲患有恐慌症或手腕隧道症而難以工作，或是找不到我們負擔得起的托兒所，或是需要照顧生病的雙親，我們眼前就會出現一片「冷酷異境」。我所有的病人都多次表示他們不能找人幫忙，因為「大家都有自己的工作」、「他們有自己的日子要過」；我的病人裡幾乎沒有人加入任何一個能夠伸出援手的工會、宗教團體或互助組織。當然，國家也不再能提供保障了，因為保障可能會孕育出人類最害怕的狀況：依賴別人。著名的政治評論節目主持人林波（Rush Limbaugh）在一九九二年曾建議，象徵美國的老鷹圖像應該改為「一隻有很多乳頭的大母豬，乳頭上掛著一大群小肥豬仔，每隻小豬都緊抓著母親的乳頭不放，想盡辦法要把營養吸光光」。他這個比喻是用誇張的方式描述了美國的現況：不管是哪一種的依賴，只要是依賴，就是幼稚而可悲的。

不過我認為，我們越是拒絕與別人互相依賴，我們越會對於自己心裡那種需要被關心、被注意和被幫助的需求感到丟臉。一旦覺得丟臉，我們就會躲在家裡，就像我很多的病人；我們也可以假裝這些需求都是不重要的，繼續投注於工作（或購物消費）。如果我們把焦點放在下一次的消費，我們就可以假裝自己不在乎；假設我們開著昂貴的休旅車四處跑、穿著名設計師的品牌衣服，就可以假裝那種不被關心、不被重視的感覺其實一點也不重要。我們也可以像政評家林波一樣採取攻勢，一口認定任何形式的依賴都是病態、軟弱的象徵。

然而，這些策略只會讓問題更嚴重，把我們因爲想要得到安全感、關心、受到重視而覺得丟臉的感覺更往心底壓抑。如果我們不能承認自己也需要依賴別人，我們將只剩下丟臉的感覺；因爲自己不符合標準、沒有獨力把事情完成、沒有投入所有自由孜孜不倦工作、沒有無止盡消費、沒有獨立生活，我們覺得丟臉。

一旦我們把互相依賴的需求驅逐到心靈和社會的角落陰影處，那麼我們這個人和這個社會就會越來越渺小。一旦我們覺得人與人之間不能直接互相依賴，我們就更會感到孤單、沮喪、沒有安全感，更容易因爲依附於工作而受到傷害——把自己與工作綁在一起，是爲了得到受重視、被關心、被肯定的感覺；假如這一招失效了（就像我大多數的病人），我們將找不到任何情感上和社會上的靠山。「社會性的連結，其最根本結構在於互相依賴。」森耐特曾寫道：「如果因爲依靠他人而感到丟臉，會造成一個很現實的結果：這會腐蝕掉人與人之間的信賴與承諾；而缺乏了社會性的連結，將會威脅到任何一種集體組織的運作。」

最愚蠢的夢幻所殘留的泡影

他們承諾說，隨著技術和生產力日漸精進，將來我們可以一天只工作四小時、一星期上班三天即足矣，屆時我們會有更多的休閒時間可享天倫之樂、吟詩作對、種花蒔草、組個業餘合唱團。如今聽來，彷彿是純眞年代最愚蠢的夢幻所殘留的泡影。

貝爾斯基

我在二次世界大戰後的美國長大，曾經深信科技的進步會使生活更輕鬆（我們將會像卡通影片裡的描繪一樣住在「明日世界」裡），日新月異的科技發展會讓工作負擔減輕。我在一九六九年進大學時，這種「工作與自由」、「需要與自由」對壘的態勢❶，在彼時反主流文化的思潮裡一覽無遺。我所置身的社會運動主張人不該爲了錢工作，而要遠離

---

❶ 這不是六〇年代獨有的意見。在一九三〇年代，英國經濟學家凱因斯預測，到了公元二〇〇三年，經濟情況的進步將可以讓英國人每個星期只要工作十五個小時即可。

工作，要多從事休閒活動。當時年輕人追求的是閒散度日，不需要仔細安排每天的時間，可以與朋友隨性談天，推崇沈思、內省、冥想等活動；鼓勵大家從事創意性的工作（如烘培、園藝，以及繪畫、音樂等傳統形式的藝術活動），或者致力於了解社會的變遷，努力創造出有新意的東西。那時候的社會可不喜歡那種只爲了賺錢、建立社會地位的工作。當然，我們那時候大多是來自中產和中上階級家庭的大學生，有足夠的自由能盡情想像那樣的未來。而今，我們恰恰是那群工作時間最長的社會階層，工作時數遠遠多於中下階層的人❷。

隨著我們這一代成長作主，隨著經濟逐漸繁榮發展，我們所標舉的重視休閒、創意活動或利他主義等等的旗幟，卻逐漸降下。我隱約察覺到自己與朋友見面的次數變少，工作的時間變長，輕鬆的時光變短，談工作的時候變多——直到九〇年代初某一週日早

---

❷ 前勞工部長雷克指出：「你越有錢，就越可能花更多時間工作，時間怎麼樣也不夠用；你甚至在不工作的時候都會念念不忘工作。瘋狂的工作生活也許會讓你更好，但也可能不會；但爲了要變得更好，似乎一定會帶來更多的瘋狂。」

晨的讀書會上，我強烈感受到了這些。

在那天之前的四、五年來，我每個月固定與幾位心理學家和心理醫生碰面，討論一些與心理和社會相關的主題和書籍。我們這群人都曾是「新左派」，年輕時多少參與過反主流文化思潮的運動，所以我們有相近的價值觀，都不把成功、消費、致富這些東西放在眼裡。我們習慣在每次討論結束之後約定下一次碰面的時間。就在那一個早晨，我們都拿出了自己的記事本安排下個月見面的時間，但我們竟然無法找到一個所有人都有空檔的時間。每個人的時間表都排滿了活動：參加專業會議、研討會、編輯會議、講習會、寫報告、演講、看病人、心靈充電、上課。有一個人提出一個日期，就會有另一個人說「不行，那個週末我要到波士頓演講」之類的。於是我們看兩個月後的時間，還是一樣排不出來。

這件事有很多地方令我心驚。第一，我們聚會多年，從來沒遇過這種情況。第二，我發現其他人並未警覺到他們的休閒時間已經被侵蝕得不像話了——坦白說，他們不但沒有警覺，似乎還挺自滿於這種超過負擔的行程。突然間，我們像在比賽誰最忙。他們看來並沒有因爲行程忙碌、找不到時間聚會而不開心。也許，我是因爲自己的立場而過度反應了。我坐在那裡看著我的記事本，逐一察看所有被提出來但有人不克出席的日期，我突然發現：每一個日期我都可以配合！也就是說，在未來的兩個月裡，我沒有在週末安排任何一件與工作有關的活動。最令我吃驚的是：我發現了這一點之後，竟然感到顏面無光！好丟臉！突然，我覺得自己不夠成功，比不上別人。我是個大失敗，竟然有這麼多自由的時間！

於是我靜靜坐著，暗自決定隱藏這個缺失，並發誓要改變生活，把時間表塡得滿滿的，把所有時間都挪來奉獻給工作——跟我的同事們一樣。

我一度達成了願望：我有一份全職的心理治療工作，一週工作四十個小時；我另外有每週十到十五小時的私人看診時間；我開始在週末參加進階的臨床訓練。我抱怨著自己的負擔有多重、空閒的時間少得可憐等等。我看起來帥呆了，我好有地位。這下，我終於可以在讀書會的時候和其他人一樣大聲嚷嚷「這個時間不行」、「那個時間不行」了。

就在我跟其他成員一樣變得工作過量之後不久，讀書會就解散了。我們都說，大家實在都找不出時間，我們太忙、太成功，所以連在星期天早上坐下來好好喝杯咖啡一起聊天、想問題的時間都沒有。

大約就是在這個時候開始，我想要寫下我治療團體裡諸位女性的故事。我花了相當長的一段時間，才把自己的情況和我病人的例子聯想在一起。

不工作的時候，你做什麼

大多數的人都變得刻意避開休閒活動，甚至變得害怕休閒。對某些人來說，有閒暇時間變成是「不專業」的代名詞。這代表自己是不重要的，是比較沒有地位的；爲了彌補這種缺憾，於是就不找朋友喝咖啡聊天，星期天繼續工作，藉此向自己和別人證明自己的價值。但有另外一些人假如遠離了工作會感到寂寞，或是會胡思亂想而發現許多不滿。還有一些人認爲，休閒時間代表了沒有意義、不知該做什麼才好。

太多人因爲投入工作，以致於在剩下的時間除了購物和看電視之外沒有其他休閒活動。如果我們不是在工作就是在爲工作做準備、或是正處於從工作後恢復精力的狀態，我們會告訴自己，等以後有時間、不那麼忙亂的時候，就要思考自己的人生。我們把夢想放在一邊，把心中對於親密關係的需求和對於被關心的渴望壓下，我們把享樂、與朋友交遊、思考人生的事情無限期往後延。我們變成了情感的苦行僧，忍受著貧乏、處處受制和封閉的生活。我們叫自己相信，物質可以填滿這種缺口並提供意義。然而，每一次從購買、取得所得到的滿足和安定感都極其短暫。如果能誠實面對自己，我們就會知道，消費不是解決問題的方式。

專家學者在解讀美國人對於工作的狂熱現象時，對於我們展現出了「人」的特質表現出相當程度的輕視。我們「陷入了工作與花錢的循環裡」，我們要明白「錯不在那些跨國企業、貪婪的主管、冷淡無感的菁英、移民或可憐的弱勢人士『那裡』。錯的是我們自己『這裡』，該怪的是我們自己貪得無厭、想要買這些買那些、想要得到好多好多。」

然而，我從一個心理治療師的角度出發，天天聽著人們說出藏在心裡的憧憬、恐懼、忿怒和羞愧感，我的看法倒和那些專家學者們不一樣：沒有病人來找心理治療師抱怨購物或滿足物慾的問題，他們來，是要抒發他們在諮商殿堂之外所不能說的話，因爲這裡會爲他們保密，也不會對他們提出主觀的批判。他們來到心理治療室，帶著種種無法啓齒的、無力的、羞恥的、幼稚的、可悲的、不文明的、錯誤的經驗，想要在此找到被接納的感覺，了解到底發生了什麼事。而通常，從那些感受出發，我們不會談到他們貪婪的物質慾望，卻會討論到他們對於親密關係、接受、意義、認同和關心的需求——這些需求，被我們這個倡導獨立自主的國度越來越看成是不必要的東西。

只要我們繼續把自己當成是一個膚淺而崇尚消費的國家，只會盲目追求自身利益，那們我們就會繼續忽視自己對於建立關係、尋找意義和關注的心理需求。

只要政治人物們繼續認爲美國人需要的只是減稅和減少政府對於生活的影響，就不會有人召喚我們去反省自己，看清楚了自己只是一個與別人毫無情感關連的消費者，誤把消費主義當成公民精神。

只要我們繼續否認人與人之間的互相依賴乃是生活的根基，我們就會掉進自己的角落，陷入孤絕的絕望與不安全感裡。

我們越是把市場的冷漠和無情感的關係納入生活的各個層面，我們對別人的承諾就越會像是一筆筆的交易；我們就會覺得回家沒有意思，到辦公室以外的地方去也沒有意思，而我們就會更想在工作中乘風破浪，希望工作能滿足我們的需求。

我們這個社會現正充滿著恐懼：我們害怕那看不到臉孔的恐怖主義，我們害怕宗教狂熱，我們害怕那許多瞧不起我們美國的國家與人民。我們也害怕空閒時間。我們害怕，要不是老闆叫我們在早上八點以前到達公司，就不會有人眞的需要我們。我們害怕，如果沒有在截止日期前匆忙完成任務，我們的生活將是一片空虛。我們害怕，如果沒有老闆的命令，人生就失去了目的。

我們這樣的害怕，其來有自。

美國人已經能與這些恐懼共處，並且假裝它們並不存在。我們看著自己無與倫比的生活水準、工作、物質成就，說服自己說，什麼親密關係、友誼、鄰居情誼、公民責任、關注、關心和休閒，那些都不重要。再這樣繼續否認下去，我們將會咎由自取。二十一世紀的生活並沒有變成我們所期待的面貌——但，或許，我們個人和社會整體可以以這些作為最高目標：想辦法與別人建立情感連結，試著做出承諾並互相關心。但是，假如我們繼續為了工作而活著，這種態度絕對妨礙了上述目標的達成，也使得我們無法對自己提出問題：你的人生究竟想過什麼樣的生活？你到底對於哪些人有意義？

附錄

你是不是嫁給了你的工作？

如果你有七題以上都回答了「是」，你可能就對你的工作投入了過多的感情：

1 我工作的公司像一個大家庭。
2 不在辦公室的時候，我會忍不住想要收電子郵件，或者打電話進公司聽語音留言。
3 不能上班的時候（比如生病、必須接小孩下課），我會有愧疚感。
4 我從來沒有考慮換工作。
5 如果沒有工作，我會感到寂寞。
6 我的工作裡面最棒的事情之一，就是得到老闆的肯定。
7 我對工作的付出超過百分之百。
8 在我的生活裡，沒有人像工作那樣倚賴我。

9 我幾乎都沒有把公司給的年休假用完。

10 我覺得自己比大部分同事更努力工作。

11 我覺得，能擁有這份工作真的很幸運。

12 對我來說，週末是很難熬的時光。

13 我非常在乎工作夥伴對我的看法，勝過於朋友和鄰居的看法。

14 我每天晚上到了上床的時候還在想著工作的事。

15 想到辭職這件事，我會感到害怕。

16 我最要好的朋友是我現在的同事。

重要參考書目與延伸閱讀

Ciulla, Joanne, *The Working Life: The Promise and Betrayal of Modern Work* (New York: Times Books, 2000) 中譯本《工作，承諾與背叛》(天下文化，2002)

Deal, Terrence & Kennedy, Allan, *The New Corporate Cultures: Revitalizing the Workplace After Downsizing, Mergers, and Reengineering* (Reading. MA: Perseus Books, 1999) 中譯本《創造競爭優勢》(先覺，2001)

Ehrenreich, Barbara, *The Hearts of Men: American Dreams and the Flight from Commitment* (Garden City, NY: Anchor/Doubleday, 1983)

Fromm, Erich, *Escape from Freedom* (New York: Henry Holt and Company, 1969) 中譯本《逃避自由》(志文，1973)

Friedan, Betty, *The Feminine Mystique* (New York: Dell Publishing, 1974) 中譯本《女性迷思》(月旦，1995)

Hochschild, Arlie, *The Time Bind: When Work Becomes Home and Home Becomes Work* (New York: Metropolitan Books, 1997)

______________, *The Second Shift* (New York: Avon Books, 1989)

Putnam, Robert, *Bowling Alone: The Collapse and Revival of American Community* (New York: Simon & Schuster, 2000)

Reich, Robert, *The Future of Success* (New York: Alfred Knopf, 2001)中譯本《賣命工作的誘惑》(先覺，2002)

Sennett, Richard, *The Corrosion of Character: The Personal Consequences of Work in the New Capitalism* (New York: W. W. Norton, 1998) 中譯本《職場啓示錄》(時報，1999)

LOCUS

LOCUS

LOCUS

LOCUS